GAZA

UN GENOCIDIO TELEVISADO

ISBN: 979-13-990404-5-6
Depósito Legal: M-28023-2025

Mohamed Safa

GAZA

UN GENOCIDIO TELEVISADO

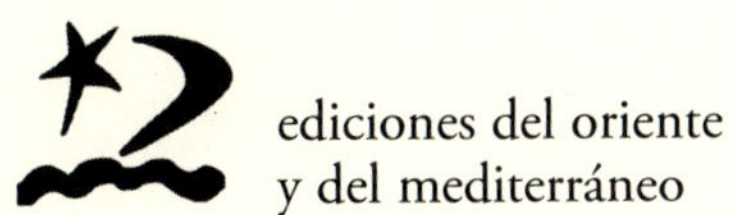

A mi hijo Ismael:

Tanto dolor acumulado, tanto sufrimiento heredado,
tantas vidas forjadas en el exilio…
y, aun así, la esperanza permanece intacta.

Y tú, hijo, algún día —más temprano que tarde—
regresarás a la tierra de tus abuelos.
Caminarás por sus calles, tocarás su tierra
y mirarás su cielo sin miedo.
Y ese día, podrás decir, por fin:
«Soy un palestino libre en una Palestina libre».

SUMARIO

Un genocidio a plena luz: Gaza y la disolución de la conciencia 11
El 7 de octubre 29
La naturaleza del conflicto 49
La relación occidental 77
La memoria 103
Las soluciones al conflicto: entre la evasión y la descolonización 113
El discurso político 129
Epílogo 161

UN GENOCIDIO A PLENA LUZ: GAZA Y LA DISOLUCIÓN DE LA CONCIENCIA

Carl Chessman, condenado a muerte y convertido en escritor tras las rejas, relata en una de sus novelas una experiencia vivida durante su encarcelamiento. Junto a otros presos, hallaron los cadáveres en descomposición de soldados japoneses. El hedor era insoportable. Les impedía dormir, comer, descansar. Pero, con el paso de los días, ocurrió lo impensable: comenzaron a habituarse. Aprendieron a manipular los cuerpos, a cortar las cabezas, a limpiarlas… y finalmente, a usar los cráneos como decoración en sus celdas.

La conclusión a la que llega Chessman es tan brutal como reveladora: la maldición de la costumbre. Cuando el horror se vuelve cotidiano, la mente humana, en un intento de preservar su cordura, termina adaptándose incluso a lo que debería ser intolerable.

Algo muy parecido está ocurriendo con el genocidio en Gaza.

Una de las mayores preocupaciones y fuentes de angustia para quienes estaban encerrados en el gueto de Varsovia era la certeza de que serían asesinados sin que el mundo lo supiera. Vivían en el silencio y el abandono, temiendo no solo la muerte, sino también el olvido. Su sufrimiento ocurría en la sombra, lejos de la mirada internacional, como si su existencia fuera borrada antes incluso de desaparecer físicamente.

En contraste, el pueblo palestino en Gaza experimenta una realidad distinta pero igualmente trágica: saben que están siendo atacados, y al mismo tiempo saben que el mundo los está viendo. No mueren en silencio, sino bajo la mirada de millones de personas que observan su dolor a través de los medios y las redes. Esta exposición, lejos de ofrecerles protección, profundiza su desesperanza. Ser testigos de la propia destrucción mientras el mundo permanece inmóvil genera una conclusión devastadora: el genocidio no solo es posible, sino algo más grave, la tragedia ha comenzado a parecer inevitable.

Tras casi dos años de bombardeos, desplazamientos forzados, mutilaciones y matanzas, las cifras han dejado de escandalizar. La repetición constante del horror ha convertido lo insoportable en rutina. El dolor palestino se consume como una noticia más en el flujo diario de la información, apenas retenido unos segundos antes de ser desplazado por otro titular.

La normalización del crimen es el último triunfo del verdugo.

La maldición de la costumbre no es solo psicológica; es política, ética y cultural. Y su mayor amenaza es que, a fuerza de repetir el horror, acabemos creyendo que no hay otra opción que resignarse.

Pero la resignación no es neutral: es una forma de complicidad.

Nombrar el genocidio, denunciar su repetición, negarse a mirar hacia otro lado, no es un gesto retórico ni moralista. Es un deber de humanidad. Porque lo que hoy se naturaliza en Gaza, mañana puede repetirse en cualquier otra parte del mundo. Y entonces, el silencio de hoy será el precedente del crimen de mañana.

Durante décadas, creímos —o preferimos creer— que los genocidios ocurrían en la penumbra, ocultos tras la niebla de la indiferencia y la censura, ejecutados con una rapidez brutal que impedía la reacción. Pensábamos que los verdugos operaban en secreto, conscientes de que sus crímenes debían consumarse antes de que el mundo pudiera enterarse. Pero Gaza ha destrozado esos esquemas mentales: nos enfrenta a una nueva y aterradora forma de exterminio.

En Gaza, el genocidio no se esconde. Se transmite en directo.

Día tras día, el mundo presencia la sistemática destrucción de un pueblo. Hay testigos, hay tiempo, hay pruebas. No se trata ya de un crimen a oscuras, sino de una «solución final» ejecutada ante los ojos del planeta, que observa, registra… y no detiene.

La tragedia palestina ha adquirido una forma de horror inédita: la sobreexposición. Mientras los judíos del gueto de Varsovia temían desaparecer en el olvido como hemos comentado —sin testigos, sin memoria—, en Gaza las víctimas anuncian su propia muerte antes de que ocurra. Publican sus nombres, sus rostros, sus despedidas. «Seré el próximo», escriben. Y lo son.

Refaat Alareer, poeta palestino, fue asesinado junto a sus cuatro hijos y dos hermanos, un mes después de publicar un poema que parecía anticipar su destino:

Si yo debo morir, tú debes vivir
Para contar mi historia
Para vender mis cosas
Para comprar un trozo de tela y unos trozos de cuerda…

…para que un niño de Gaza
mirando a los ojos del cielo
vea la cometa que tú hiciste
volando sobre él
y piense por un momento
que un ángel está allí
para traer el amor.

A diferencia de otros genocidios del pasado, en los que los verdugos intentaron ocultar o negar sus crímenes —como ocurrió con los nazis—, hoy los perpetradores los exhiben abiertamente. En el caso de Palestina, los soldados israelíes documentan con orgullo sus acciones y las difunden en redes sociales, como TikTok. Se celebran demoliciones, se comparte el sufrimiento ajeno como si fuera un trofeo digital. No hay cámaras ocultas: hay transmisiones en vivo. No hay silencio ni vergüenza: hay espectáculo.

El escritor Suso de Toro lo expresó con crudeza:

> Israel está disfrutando de un placer inédito: puede cometer las mayores crueldades sin padecer consecuencias. Aún más, el mundo lo contempla y asiente. Un monstruo que engorda obscenamente cometiendo toda clase de monstruosidades.

Y muchos aún prefieren mirar hacia otro lado. Katy, sobreviviente de la trata de mujeres, lo dijo sin eufemismos: «El oficio más antiguo del mundo no es la prostitución. Es mirar hacia otro lado».

La indiferencia no es una posición neutral, es una forma de violencia silenciosa. Como advirtió el poeta Lois Pereira , la indiferencia también mata.

BARBARIE ENTRE LOS ESCOMBROS: LA FRONTERA MORAL

Lo hemos visto todo: hospitales reducidos a ruinas, niños atrapados bajo los escombros, campos de refugiados convertidos en zonas de tiro, familias enteras borradas de la faz de la tierra. Hemos leído los últimos mensajes de quienes sabían que iban a morir, hemos escuchado sus gritos digitales en tiempo real.

La ofensiva militar israelí ha devastado literal y sistemáticamente la Franja de Gaza, dejando tras de sí una catástrofe humanitaria de proporciones inéditas. Los datos recogidos hasta el momento —que deben actualizarse casi minuto a minuto por parte de organismos internacionales— son estremecedores:

- Más de un millón de personas ha perdido sus hogares.
- Según el informe de la OMS de mayo de 2025, el 94% de los hospitales están dañados o destruidos.
- El 92% de las viviendas están destruidas o dañadas.
- El 68% de la red vial está inservible.
- 518 de las 654 escuelas (el 91,8%) necesitan reconstrucción.
- 909 mezquitas han sido destruidas
- Más del 70% de las escuelas de la UNRWA ya no pueden operar.

Y junto a esta destrucción material, se ha intentado borrar la memoria viva de Gaza: académicos, médicos, artistas, periodistas, poetas e intelectuales han sido sistemáticamente asesinados. La Corte Internacional de Justicia ha advertido que la población gazatí está siendo víctima de una masacre planificada e implacable.

LA INGENIERÍA DEL HAMBRE: MILITARIZAR LA AYUDA COMO ARMA DE GUERRA

La hambruna que asola Gaza no es consecuencia de una catástrofe natural ni de un error logístico. Es una estrategia deliberada. El bloqueo impuesto por Israel, con la complicidad de Estados Unidos, ha convertido la distribución de alimentos en un campo de batalla.

La gestión de la ayuda ha sido militarizada. Las agencias internacionales han sido expulsadas, y en su lugar, el reparto ha quedado en manos de contratistas privados vinculados a los servicios de inteligencia. De cuatrocientos puntos de distribución de alimentos, apenas quedan cuatro operativos, abiertos una hora al día, con suministros insuficientes.

Las «colas del hambre» se han transformado en «colas de la muerte»: largas filas de civiles desesperados por conseguir alimento que terminan convertidas en objetivos militares, bajo el pretexto elástico de la «seguridad». Una investigación del periódico *Haaretz* reveló que soldados israelíes recibieron órdenes de disparar contra personas que buscaban comida, incluso cuando no representaban ninguna amenaza real. Se anuncia la distribución de ayuda humanitaria, pero en el momento de recogerla, muchos son asesinados. La esperanza se convierte en trampa.

Este mecanismo de engaño tiene ecos históricos estremecedores. En el gueto de Varsovia, antes de llevar a los prisioneros a las cámaras de gas, se les entregaban toallas y jabón para hacerles creer que iban a ducharse. Se disfrazaba la muerte de normalidad, se maquillaba el exterminio con gestos de falsa humanidad. Ayer y hoy, el patrón se repite: se despoja a las víctimas de toda dignidad antes de quitarles la vida.

Lo que se libra en Gaza no es solo una guerra de bombas. Es una guerra de hambre. El alimento es un arma. El agua, un privilegio. El control de la vida pasa por el estómago vacío y el cuerpo que espera en la fila, sabiendo que ese día puede ser el último.

INFANCIA PERDIDA: GAZA COMO EPICENTRO DEL SUFRIMIENTO INFANTIL

Las cifras son insoportables: más de 19 000 niños muertos, más de 30 000 huérfanos. El Ministerio de Salud en Gaza reporta con constancia los números de una infancia aniquilada.

El poeta Mahmud Darwish escribió: «Cuando tuve el gran desgarro, salté de la cama de la infancia al exilio. Tenía seis años… La infancia se inmovilizó».

Esa parálisis hoy se repite en miles de pequeños gazatíes heridos, huérfanos, deambulando entre los restos, en un lugar donde es más fácil llenar una botella con sangre que encontrar agua potable.

No hay espacio seguro. Ni la calle, ni el hospital, ni la escuela. Todo ha sido convertido en blanco legítimo. Gaza es uno de los peores lugares del mundo para ser niño. O, más precisamente, para seguir siéndolo.

CELEBRACIONES DEL EXTERMINIO: EL APLAUSO DEL EXTREMISMO

En redes sociales y medios internacionales circulan imágenes de manifestaciones extremistas donde se corean frases como: «No hay educación en Gaza, no quedan niños en Gaza». El diario *Haaretz* calificó estas expresiones como una «celebración del genocidio».

Líderes de la derecha israelí como Itamar Ben-Gvir y Bezalel Smotrich, conocidos por su discurso racista y nacionalista, encabezan estas concentraciones. No son discursos marginales. Son parte del gobierno.

La población palestina, además, vive bajo una estrategia de desplazamiento perpetuo: del norte al sur, luego al este, luego al oeste. Pero ningún sitio ofrece refugio. Como en el cuento persa que recreó Julio Cortázar, donde un hombre huye de la muerte desde Bagdad solo para encontrarla esperándolo en Samarra, el destino de los palestinos parece sellado desde el inicio: la muerte, tarde o temprano, los alcanza.

Gaza se ha convertido en un cementerio a cielo abierto. No hay tregua. No hay escape. No hay lugar para la vida.

LAS TUMBAS DE REPUESTO

Frente a quienes practican el asesinato preventivo y las guerras preventivas, el pueblo de Gaza cava tumbas preventivas. Ya hace más de veinte años, en *Las bodas de Amna*, el novelista palestino Ibrahim Nasrallah anticipó la escena que hoy se repite a diario: Amna, que ha perdido a su esposo y a su hijo, pregunta al joven sepulturero Aziz si hay «nuevos mártires». «Todavía no, tía —responde él—, pero no sabemos cuándo llegarán más bombas»...

Ese diálogo ficticio se ha vuelto realidad. Gaza sigue excavando tumbas de repuesto mientras los bombardeos continúan sin tregua. Según datos de la agencia oficial palestina WAFA, la cifra de muertos alcanza los 69 788, mientras los heridos superan los 170 972. Muchas víctimas siguen atrapadas bajo los escombros.

EL SILENCIO CÓMPLICE DE LOS GOBIERNOS ÁRABES

Salvo contadas y valientes excepciones, los regímenes árabes han optado por una postura vergonzosa: envían hogazas de pan y mortajas, como si el hambre y la muerte fuesen parte inevitable de la vida en Gaza. Ninguno se atreve a proclamar con claridad un ¡alto a la guerra!; su inacción cava junto a los gazatíes otra fosa, la de su propia credibilidad.

Mientras tanto, desde Tel Aviv se verbaliza la intención de arrasar la Franja. El presidente Isaac Herzog llegó a declarar que «es una nación entera la responsable» —un juicio colectivo que allana el camino al castigo indiscriminado—, y el ministro de Defensa Yoav Gallant advirtió: «Gaza no volverá a ser lo que era antes. No habrá Hamás. Eliminaremos todo».

Declaraciones así confirman que la devastación no fue un «daño colateral», sino el resultado de una estrategia orientada a la aniquilación.

PATRIMONIO BORRADO, HISTORIA SAQUEADA

En una franja de apenas 365 km^2 se habían inventariado más de trescientos cincuenta yacimientos y monumentos. Según la UNESCO, al menos ciento diez ya muestran daños severos: desde el puerto cananeo de Anthedón hasta la Gran Mezquita Omari (siglo VII) y la iglesia ortodoxa de San Porfirio (siglo V).

No solo se destruye; también se expolia. El 12 de enero de 2024, el director de la Autoridad de Antigüedades de Israel publicó orgulloso en Instagram fotografías de piezas arrebatadas por soldados en Gaza y exhibidas como trofeos en la Knéset. Tras la protesta internacional borró las imágenes, pero el daño —y la confesión— ya estaban hechos.

La ONU calcula más de cuarenta y dos millones de toneladas de escombros; harían falta catorce años de trabajo ininterrumpido para retirarlos. Entre ellos, aún reposan restos humanos sin recuperar.

UNA LÍNEA QUE ATRAVIESA A CADA SER HUMANO

Jamás las matanzas habían sido tan concentradas, tan prolongadas, tan devastadoras. El número de niños palestinos asesinados carece de precedentes en guerras recientes. Sin embargo, todavía hay quienes justifican —o minimizan— la carnicería recurriendo a la vieja dicotomía civilización/ barbarie, hoy reformulada como «democracia occidental *vs.* terrorismo islámico».

Heródoto nos advirtió que la verdadera frontera entre civilización y barbarie es moral, no geográfica ni étnica. Atraviesa a cada pueblo, a cada individuo. En la devastación de Gaza esa frontera se vuelve insoportablemente visible: no se trata de elegir una bandera, sino de elegir la humanidad.

Cada silencio cómplice, cada justificación tibia, cada mirada que se aparta es, en sí misma, una zanja más honda que las tumbas preventivas de Gaza. Quien cruza esa línea pierde algo más que la orientación: pierde el rostro que lo emparenta con el resto de la especie humana.

> Cavad una tumba de repuesto para vosotros.
> Porque mientras enterramos a nuestros mártires, vosotros enterráis vuestra vergüenza.

Con estas palabras —pronunciadas, tal vez, por cualquier madre de Gaza— concluye esta reflexión. Porque un día, cuando se retire el polvo de la historia, quedará claro quiénes supieron conservar su humanidad… y quiénes permitieron que fuese sepultada.

NEGAR LO EVIDENTE: GAZA, GENOCIDIO Y LA MÁQUINA DEL SILENCIO

Israel niega que los acontecimientos en Gaza puedan ser considerados un genocidio. Sin embargo, como sucede con toda maquinaria represiva, a medida que se acumulan los crímenes, crece también la necesidad de recurrir a más mentiras para sostener su narrativa.

La negación no se sostiene únicamente con propaganda; se alimenta, sobre todo, del silencio de quienes prefieren no ver.

A menudo, se exigen al mundo pruebas imposibles, como si para saber que el agua del mar es salada, hubiera que tragarse todo el río. Sin embargo, la evidencia está ahí, al alcance de la conciencia. No se necesita ser jurista ni experto en geopolítica para intuir que algo esencial ha sido violado. Lo que se ve, lo que se escucha, lo que se documenta a diario, basta para nombrar lo que ocurre sin eufemismos.

Negar lo evidente, en este caso, no es una posición neutral: es una forma de complicidad activa.

1. El genocidio como diagnóstico jurídico y moral

Hablar de genocidio no es una hipérbole emocional ni un acto simbólico de las víctimas. Es, ante todo, un diagnóstico jurídico, ético y humanitario, con base en la definición de Raphael Lemkin, quien acuñó el término en 1944: la destrucción deliberada de un grupo nacional, étnico, racial o religioso, no solo en términos físicos, sino también en su vida política, social, cultural y espiritual.

Esta no es una opinión aislada. Organismos internacionales de incuestionable prestigio han adoptado esta calificación: Amnistía Internacional, Human Rights Watch, Médicos Sin Fronteras, la Relatoría Especial de la ONU para los territorios palestinos ocupados, e incluso la Corte Penal Internacional han acusado formalmente a Israel de crímenes que pueden constituir genocidio.

2. *Matar la verdad: censura, periodistas y guerra informativa*

Para sostener la negación, Israel ha desplegado una estrategia deliberada de ocultamiento. Desde el inicio del conflicto, prohibió la entrada de corresponsales internacionales, convirtiendo a Gaza en el primer escenario bélico moderno sin cobertura extranjera sobre el terreno.

Y no se conformó con la censura pasiva: los periodistas palestinos y árabes han sido sistemáticamente atacados. Las cifras lo confirman: más de doscientos veinte periodistas asesinados, cuatrocientos heridos y al menos cien detenidos. Su delito: romper el silencio.

El profesor Yoram Peri, exdirector del Instituto de Comunicación Chaim Herzog de la Universidad de Tel Aviv, afirmó recientemente que Gaza es el conflicto más letal para la prensa en toda la historia de la cobertura bélica. Basado en un estudio conjunto del Proyecto Costos de la Guerra (Universidad Brown) y la Escuela de Periodismo de Columbia, Peri comparó el número de periodistas muertos en Gaza con el de otros conflictos históricos: supera al total combinado de la Guerra Civil estadounidense, las dos Guerras Mundiales, Vietnam, Yugoslavia y Afganistán.

Ese dato no solo evidencia la magnitud del ataque contra la prensa: interpela directamente al discurso oficial que pretende reducir estos asesinatos a «daños colaterales».

Esta visión desvela una lógica estructural: la seguridad de Israel se ha construido sobre la negación del derecho al retorno y la deshumanización del pueblo palestino. La retórica de la defensa nacional encubre, en muchos casos, una política sistemática de ocupación, desplazamiento y exterminio.

3. Hablar sin escuchar: el poder mediático y la exclusión de las voces palestinas

La negación también opera a través de los grandes medios internacionales. *The New York Times*, por ejemplo, emitió una circular interna pidiendo evitar términos como genocidio, limpieza étnica, o cualquier referencia a la resistencia palestina.

Esta censura no es nueva. Un estudio de la profesora Maha Nasser, de la Universidad de Arizona, revela que, entre 1970 y 2020, las voces palestinas ocuparon apenas el 2% del espacio de opinión en *The New York Times* y solo el 1% en *The Washington Post*. Se habla de los palestinos, pero no se los escucha.

El periodista Antony Loewenstein en *El laboratorio palestino*[1] denuncia cómo Occidente estudia y exporta los métodos de control israelíes, pero ignora la voz de quienes sufren su aplicación diaria. Escuchar no es un gesto retórico: es el primer paso hacia la justicia.

Un caso cercano ilustra bien este mecanismo. En Mondoñedo, Galicia, los vecinos advirtieron del peligro cuando los funcionarios del Ministerio de Fomento y de la Xunta visitaron la zona para ins-

1. *El laboratorio palestino. Cómo Israel exporta al mundo la tecnología de la ocupación*. Madrid: Capitán Swing, 2024.

peccionar el terreno donde se construiría el último tramo de la Autovía Trasatlántica. Allí la niebla es densa, constante. «Hay días en que no se ven ni las vacas», decían los lugareños. Pero los funcionarios no escuchaban. Se reían. «No entienden la magnitud de la obra», replicaban con condescendencia. La obra se inauguró. Poco después, un choque en cadena destrozó treinta y cinco coches. Hubo una víctima mortal y treinta y cinco heridos .

Manuel Rivas, en su libro *Zona a defender*[2], concluye que estos funcionarios tienen atrofiada la tecnología más extraordinaria jamás inventada: inclinarse y escuchar a la gente.

4. Palestina no es una amenaza: es una nación mutilada

Tras más de ciento cincuenta años de despojo y resistencia, la narrativa dominante aún retrata a los palestinos no como un pueblo que lucha por su dignidad, sino como un colectivo supuestamente violento por naturaleza. Se los percibe no como víctimas de una ocupación ilegal, sino como una amenaza genética a la estabilidad de Israel.

Esta deshumanización sistemática es el motor que permite justificar lo injustificable. Porque si se niega su derecho a existir como pueblo, entonces cualquier forma de control, castigo o exterminio puede ser legitimada como defensa.

Pero Palestina no es odio ni amenaza: es un pueblo que lucha por sobrevivir. Su causa no es la ven-

2. *Zona a defender.* Madrid: Alfaguara, 2020.

ganza, sino la justicia. Y mientras se les niegue ese reconocimiento básico, la violencia no cesará, ni del lado del opresor ni del oprimido.

5. El doble rasero: estabilidad para unos, sufrimiento para otros

Israel, con todo su poder militar, económico y tecnológico, no ha logrado garantizar su seguridad. Y no lo hará mientras mantenga a millones de personas bajo ocupación. No hay paz posible cuando un pueblo vive sin derechos, sin tierra, sin libertad.

El mayor error que puede cometer una nación es creer que la debilidad del otro le otorga derecho a someterlo. El modelo de seguridad israelí, basado en la negación de la soberanía palestina, ha institucionalizado la opresión como estrategia.

Europa, y gran parte de Occidente, han aceptado este modelo. El sufrimiento palestino se convierte así en un «efecto colateral» aceptable para garantizar la continuidad del Estado de Israel. Este cálculo moral es el núcleo del doble rasero que rige hoy en la política internacional.

Porque, en el fondo, no se reconoce a los palestinos como un pueblo con legitimidad histórica, sino como una categoría racial que puede ser castigada por una potencia que se autoproclama civilizada.

EL 7 DE OCTUBRE 2023

El 7 de octubre de 2023 no fue un día cualquiera. Al amanecer, miles de cohetes fueron lanzados desde Gaza hacia el sur de Israel. Poco después, una operación sin precedentes, encabezada por Hamás y otras organizaciones palestinas, se puso en marcha. Combatientes cruzaron la frontera utilizando motocicletas, parapentes y furgonetas, rompieron puertas metálicas y abrieron pasos improvisados en la valla de seguridad. Así penetraron una de las zonas más vigiladas del mundo.

Pero el verdadero alcance de esta acción no fue solo militar. Lo esencial ocurrió en otro plano: el simbólico. La operación no solo rompió una frontera física, sino también una barrera psicológica que, durante décadas, había mantenido a todo un pueblo encerrado en el miedo, la desesperanza y la represión. Atravesar esa valla fue un acto de insurrección no solo contra el control israelí, sino contra un orden impuesto que naturalizaba la opresión.

La magnitud del impacto no reside únicamente en el éxito logístico. La ruptura más profunda fue la de una narrativa. Israel ha cultivado durante décadas la imagen de una frontera inexpugnable, sostenida por un poderío militar, tecnológico y diplomático sin parangón. El 7 de octubre quebró esa imagen.

Muchos analistas intentaron hallar un referente histórico para comprender lo ocurrido. La comparación más recurrente fue con la Ofensiva del Tet, en Vietnam, en 1968. En aquel entonces, cuando Estados Unidos creía tener la guerra bajo control, el Vietcong lanzó un ataque masivo durante el alto al fuego de las festividades. Aunque fue militarmente costoso para los vietnamitas, el efecto psicológico fue decisivo: socavó la credibilidad del discurso oficial estadounidense y marcó el principio del fin de su intervención. Del mismo modo, el 7 de octubre no fue solo una operación táctica; fue una fractura estratégica, política y emocional en la historia del conflicto palestino-israelí.

La reacción internacional fue inmediata. Israel y sus aliados calificaron los hechos como un pogromo antijudío, evocando el trauma del Holocausto. El embajador israelí ante la ONU se colocó la estrella amarilla en el pecho, y el presidente francés Emmanuel Macron llegó a describir la operación como «la masacre antisemita más importante del siglo».

Sin embargo, es necesario detenerse. La Operación Inundación de Al-Aqsa fue dirigida contra el Estado de Israel, no contra el pueblo judío como tal. Equiparar una acción de resistencia armada en el marco de un conflicto territorial y colonial con un acto de odio étnico o religioso no solo es una distorsión conceptual, sino una manipulación política.

Si de odio se trata, habría que mirar hacia la historia reciente del pueblo palestino: generaciones enteras desplazadas desde 1948, vidas enteras bajo ocupación militar, control fronterizo, toques de queda, demoliciones, asesinatos selectivos, bloqueos, expulsiones.

Y frente a la criminalización mediática automática, lo primero que intenté fue averiguar la edad de quienes realizaron la operación. ¿Quiénes eran esos jóvenes que participaron? ¿Qué vidas conocían antes de tomar esa decisión?

Casi el 75% de la población de Gaza tiene entre veinte y treinta años. Son hijos y nietos de refugiados. Han vivido toda su vida confinados bajo un bloqueo impuesto por Israel desde hace más de diecisiete años, sin control sobre sus fronteras, su mar ni su espacio aéreo. Israel decide qué entra y qué sale: alimentos, medicinas, materiales, incluso las calorías diarias permitidas. Han sobrevivido a cinco ofensivas militares en quince años: 2008, 2009, 2012, 2014, 2021… y ahora, la más letal de todas. Como resultado, muchos de estos jóvenes han crecido con la experiencia directa de la perdida: de hijos, hermanos, padres, esposas. Han visto sus hogares reducidos a escombros más de una vez .

Crecieron bajo drones, bombardeos, apagones, hospitales colapsados, agua contaminada, techos que se caen. Vieron morir a sus padres, hermanos, vecinos. Fueron niños sin infancia, adolescentes sin futuro. ¿Qué les queda? ¿Qué horizonte podrían imaginar?

Muchos de los líderes de Hamás nacieron también en campos de refugiados. Han sido perseguidos, encarcelados, exiliados, sus familias enteras asesinadas. Ismail Haniyeh, dirigente del buró político de Hamás, perdió a más de sesenta familiares. Sus hijos y nietos murieron en bombardeos. ¿Puede sorprender que una generación criada en la desesperanza elija el sacrificio como forma de resistencia?

Esta situación evoca resonancias históricas más complejas que las que ofrece el relato oficial. Pienso en el gueto de Varsovia, en 1943. Más de 400 000 judíos fueron cercados por los nazis, marcados, aislados, condenados al hambre y la enfermedad. Cuando comenzaron las deportaciones masivas, los jóvenes se alzaron en armas. Sabían que no ganarían, pero eligieron morir luchando. Como escribió Marek Edelman, uno de sus líderes: «Queríamos morir con dignidad. Morir combatiendo, no como corderos en los trenes».

Hoy, Gaza es un gueto del siglo XXI: cercado, bloqueado, castigado. La diferencia es que quienes resisten ahora son etiquetados como terroristas, mientras los verdugos son presentados como víctimas.

La pregunta que muchos se hacen en Occidente es: ¿por qué alguien tan joven estaría dispuesto a participar en una operación que, con toda probabilidad, le conduciría a la muerte? Pero la verdadera pregunta debería ser otra: ¿qué tipo de sociedad y de políticas producen generaciones enteras de jóvenes que sienten que no tienen nada que perder? La respuesta no es únicamente ideológica o religiosa. Es el resultado de décadas de ocupación, bloqueo, represión y un ciclo interminable de violencia estructural.

GAZA: ENTRE EL MURO Y LA HISTORIA

En la Franja de Gaza viven actualmente más de 2,2 millones de personas, lo que convierte a este territorio en uno de los espacios con mayor densidad demográfica del planeta: más de 5.000 habitantes por kilómetro cuadrado. Gaza no es simplemente una ciudad ni un enclave; es un espacio cercado por muros de cemento, alambradas electrificadas y torres de vigilancia que proyectan una constante mirada militar sobre cada movimiento.

La Franja, tal como la conocemos hoy, nació tras la Nakba de 1948. Antes de ese acontecimiento —la expulsión de más de 700 000 palestinos tras la creación del Estado de Israel— no existía una «franja» como tal. Existía Gaza: una ciudad histórica, portuaria, cosmopolita, situada en una ruta comercial que durante siglos conectó Egipto con Anatolia. Era un punto de tránsito, de mezcla y de memoria.

Fue tras la Nakba cuando este territorio adquirió su configuración actual. Mientras muchos palestinos eran expulsados hacia el norte —a Siria, Líbano— o al este, hacia Jordania, en el sur, Egipto cerró sus fronteras. Así, Gaza se convirtió en una suerte de contenedor improvisado para decenas de miles de refugiados. Se levantaron ocho campamentos para alojarlos. Nacía entonces la Franja de Gaza: el campo de refugiados más grande y más prolongado del mundo moderno.

Una parte significativa de estos refugiados provenía del cinturón rural que rodeaba a la ciudad de Gaza. Ese mismo territorio, que con el paso del tiempo fue ocupado por colonias israelíes, fue el escenario de los ataques del 7 de octubre de 2023. Actualmente, más de 55000 colonos israelíes habitan en cincuenta y cinco asentamientos, distribuidos en tres consejos regionales del sur de Israel. La zona, además de su relevancia geopolítica, tiene un peso económico significativo: produce el 70% de las verduras y el 20% de las frutas que se consumen en todo el país, según datos del Sindicato de Agricultores de Israel.

Pero Gaza, con su historia y su densidad, vive bajo asedio. Desde hace más de quince años, su población sobrevive bajo un bloqueo impuesto por Israel, con la colaboración de Egipto. Sus habitantes —más de dos millones de personas— están atrapados entre muros, fronteras cerradas, drones y vigilancia aérea permanente. Entrar o salir requiere permisos que rara vez se conceden. La electricidad llega por horas, el agua está contaminada, los hospitales funcionan con lo mínimo, y los medicamentos, cuando llegan, lo hacen tarde. Gaza vive en un estado crónico de emergencia, sin tregua ni horizonte.

Lo realmente sorprendente no es la resistencia, sino la ilusión sostenida en ciertos sectores israelíes de que era posible encerrar a 2,3 millones de personas indefinidamente, sin que eso tuviera consecuencias. Gaza, convertida en lo que muchos llaman la prisión al aire libre más grande del mundo, es hoy el símbolo más evidente del fracaso de esa estrategia. Así lo señala el periodista Antony Loewenstein en su libro *El laboratorio palestino*, donde explora cómo Israel ha ensayado en Palestina un modelo de control, vigilancia y represión que luego exporta como tecnología de seguridad.

En este contexto, es frecuente que se formule una pregunta dirigida a los palestinos: ¿cometieron un error al llevar a cabo la operación del 7 de octubre? Sin embargo, tal vez la pregunta más pertinente deba dirigirse al Estado de Israel: ¿acaso fue un error creer que se podía humillar, reprimir y someter durante décadas a todo un pueblo sin provocar una respuesta?

Llama la atención que los cuestionamientos suelan dirigirse exclusivamente a los movimientos de resistencia, como si fueran los responsables de lo que sucede. Esta lógica tiende a justificar y a culpar a la resistencia por las consecuencias que padece la población civil, ignorando el papel fundamental del poder ocupante.

Nunca se criticó a la Resistencia francesa por las represalias nazis tras sus operaciones, ni se culpó a la revolución argelina por los crímenes que cometía el ejército colonial francés contra la población civil. En esos casos, la mirada se centraba —con razón— en el ocupante, no en quienes luchaban por su liberación.

La responsabilidad principal recae siempre sobre las fuerzas de ocupación, no sobre los pueblos que resisten. La resistencia, además de ser un derecho reconocido, es también una obligación moral frente a la opresión.

La historia demuestra que ningún pueblo acepta la opresión sin reaccionar. Creer que un régimen de control absoluto puede mantenerse sin consecuencias políticas, morales o humanas no es solo una ingenuidad: es una ceguera peligrosa.

LA CEGUERA ANTE LO INESPERADO: LECCIONES DESDE EL CISNE NEGRO

La incapacidad para comprender la situación palestina no es únicamente moral; es también una falta de análisis. Ignorar las condiciones extremas de Gaza ha generado una falsa sensación de estabilidad. Por eso, cuando irrumpen hechos como los del 7 de octubre, estos no solo sorprenden: desconciertan. Parecen surgir de la nada. Pero esa sorpresa es reveladora: evidencia una comprensión superficial y, sobre todo, una voluntad de no ver.

Nassim Taleb, en su obra *El cisne negro*[1], plantea que los eventos verdaderamente disruptivos —los que alteran el curso de la historia— casi nunca son previstos por los modelos dominantes. Según Taleb, lo que ignoramos suele ser más determinante que aquello que creemos conocer. La sorpresa, entonces, no es accidental, sino estructural. Vivimos ciegos ante lo que consideramos improbable, porque simplemente lo excluimos del campo de lo posible.

---

1. *El cisne negro. El impacto de lo altamente improbable.* Barcelona: Paidós, 2024.

Aplicado al caso palestino, esto implica que la reacción global ante estallidos de violencia no es solo fruto de un error de juicio, sino de una ceguera institucional y cultural. Se subestimó —o se despreció— la capacidad de resistencia, de organización e incluso de desesperación de un pueblo sitiado. La conmoción ante los estallidos revela más sobre nuestra ignorancia que sobre la naturaleza del suceso.

Este fenómeno puede analizarse también desde las teorías del sociólogo Charles Tilly, quien sostenía que las poblaciones tienden a movilizarse cuando perciben una amenaza real a su existencia. Eso es exactamente lo que ha ocurrido, una y otra vez, en Palestina: el peligro constante ha generado conciencia política y organizaciones populares con disposición al sacrificio.

Para las organizaciones de resistencia, no fue necesario realizar un gran esfuerzo de propaganda. La ocupación habla por sí sola. Se sufre en carne propia, se padece en cada casa, en cada escuela, en cada hospital. Las estructuras de opresión están visibles en cada muro, en cada *checkpoint,* en cada dron que sobrevuela.

Gaza no necesita ser explicada: necesita ser mirada sin filtros.

ISRAEL Y LA LÓGICA DEL VICTIMISMO: UNA REACCIÓN RECURRENTE ANTE LA CRÍTICA INTERNACIONAL

En cada nuevo episodio de violencia en el conflicto israelo-palestino, el gobierno israelí adopta una postura predecible: justificar sus acciones en nombre de la autodefensa. La narrativa dominante sostiene que «ellos empezaron», que «Hamás disparó primero» o que «Israel solo responde a la amenaza». Esta lógica, como ha señalado el historiador Meir Margalit, se asemeja a la reacción de un niño reprendido: más centrada en culpar al otro que en asumir responsabilidad propia.

Lejos de ser una respuesta puntual, esta actitud se ha convertido en una constante en la política exterior israelí. Así ocurre frente a las críticas internacionales por los bombardeos en zonas densamente pobladas de Gaza, por la expansión de asentamientos ilegales en Cisjordania o por los actos de violencia sistemática en Jerusalén Este. En todos los casos, la reacción oficial es la negación, seguida de una reafirmación del derecho incuestionable a «defenderse».

Margalit centra su crítica en la profunda incapacidad de la sociedad israelí para mirarse a sí misma con honestidad. Denuncia la negativa a reconocer su papel activo en la perpetuación del conflicto, así como la resistencia a considerar una vía de reconciliación basada en el respeto mutuo y la justicia. Propone abandonar una lectura lacrimosa y victimista de la historia judía, utilizada como justificación moral para políticas de ocupación, exclusión y violencia. Sin embargo, este giro aún no se ha producido.

Más bien, lo que prevalece es una reafirmación del relato hegemónico. Las encuestas de opinión pública en Israel revelan una mayoría social que respalda sin reservas la ofensiva militar sobre Gaza —calificada por juristas internacionales como un genocidio— y que continúa apoyando la expansión territorial a través de asentamientos sobre suelo palestino confiscado.

En lugar de una apertura hacia la autoconciencia, el reconocimiento del otro o la justicia histórica, se consolida un consenso interno que normaliza el despojo y la violencia estructural. Esta mentalidad no solo bloquea toda posibilidad de una paz justa y duradera, sino que profundiza la deshumanización del pueblo palestino.

El fundamento ideológico de este consenso reposa, en buena medida, sobre una noción de legitimidad divina. Desde esta perspectiva, la ocupación, el desplazamiento forzado y la agresión militar no solo serían permitidos, sino requeridos por un mandato histórico o religioso. Esta visión, que reduce al otro a una figura prescindible o enemiga ontológica, ha derivado en lo que muchos analistas describen como un sistema de *apartheid*. Otros, incluso, advierten que estamos ante los síntomas más visibles de un genocidio en curso.

Ya en 1946, Hannah Arendt advirtió con lucidez sobre los peligros de esta deriva ideológica. En una carta dirigida al filósofo Gershom Scholem, escribió con inquietud sobre «la metamorfosis de un pueblo en una horda racial», y señaló la amenaza que implicaba transformar una experiencia de persecución en una justificación para excluir y dominar a otros. Fue tajante: «Creo firmemente que un Estado-nación judío sería un juego estúpido y peligroso».

Estas palabras, que en su momento fueron tildadas de heréticas o incluso traidoras, cobran hoy una vigencia trágica. No solo en el contexto israelí-palestino, sino también en otras latitudes donde el nacionalismo étnico o religioso ha desembocado en regímenes autoritarios, excluyentes y violentos. La advertencia de Arendt no solo se ha cumplido, sino que se ha globalizado.

EL ESPEJISMO DE LA ESTABILIDAD: EL 7 DE OCTUBRE Y EL RETORNO DE LO REPRIMIDO

El clima político previo al 7 de octubre de 2023 parecía reflejar una especie de «muerte simbólica» de la causa palestina. Apenas un mes antes, el primer ministro Benjamín Netanyahu, durante su discurso ante la Asamblea General de la ONU, presumía de los avances en la normalización de relaciones con el mundo árabe. Mostró un mapa de Israel en el que Palestina, simplemente, no existía.

Para Netanyahu, y para buena parte del *establishment* israelí, la cuestión palestina estaba resuelta. Ya no era el núcleo del conflicto regional ni una condición clave en la agenda de los países árabes. Por el contrario, se creía que los acuerdos económicos, los intereses geopolíticos compartidos y la fatiga de los pueblos árabes ante décadas de impotencia bastaban para neutralizar el conflicto. Al mismo tiempo, la atención internacional estaba centrada en la guerra en Ucrania, lo que permitía que las acciones israelíes en Gaza y Cisjordania pasaran cada vez más desapercibidas.

Pero ese espejismo de estabilidad escondía una verdad incómoda: la causa palestina no había muerto. Estaba reprimida, marginada, silenciada, pero no resuelta. La desesperación acumulada, la injusticia sistemática y el encierro prolongado fueron acumulando una tensión insostenible. Lo que el mundo presenció el 7 de octubre no fue una irrupción repentina, sino el retorno a una reivindicación de derechos que se había querido negar.

Y, sin embargo, la respuesta volvió a ser la misma: Israel reaccionó desde el guion ya conocido, apelando al derecho a la defensa, al relato del victimismo eterno, al blindaje moral que invoca la historia para justificar el presente.

Pero la pregunta central persiste: ¿puede un Estado fundado en el sufrimiento propio justificar indefinidamente la negación del sufrimiento ajeno? ¿Puede una nación que emergió del trauma histórico construir su identidad sobre la repetición de ese mismo trauma, ahora proyectado hacia otros?

La historia y el derecho sugieren que no. Y, más aún, que intentar hacerlo encierra no solo un fracaso ético, sino un peligro político profundo.

Y, aun así, la reacción israelí repitió el guion: reafirmar su condición de víctima, exigir solidaridad sin matices y acusar de antisemitismo a toda crítica sustantiva. La pregunta, entonces, no es si los palestinos se equivocaron en su estrategia. La pregunta más profunda y urgente es si Israel se equivocó al pensar que podía oprimir, someter y deshumanizar a todo un pueblo sin enfrentar resistencia, sin consecuencias.

La historia demuestra que ningún pueblo acepta indefinidamente su propia negación. Pensar que una política de control absoluto puede sostenerse sin generar respuesta es una ilusión —una ilusión peligrosa— que hoy muestra sus consecuencias más trágicas.

En lugar de un giro hacia la conciencia crítica y la reconciliación, persiste un consenso social que naturaliza la violencia estructural y el despojo. Esta aceptación mayoritaria aleja aún más cualquier posibilidad de alcanzar una paz justa y duradera. La lógica que sostiene esta postura no es solo política, sino también ideológica y religiosa: una buena parte de la sociedad israelí basa su legitimación del dominio sobre el pueblo palestino en una supuesta misión divina. En nombre de esa «legitimidad trascendental», se justifica la ocupación, la violencia y el exterminio.

Esa cosmovisión ha conducido a una peligrosa deshumanización del otro, legitimando políticas que muchos analistas, defensores de derechos humanos y juristas internacionales han calificado como *apartheid* —y, en la actualidad, como genocidio—.

Sin embargo, la operación del 7 de octubre rompió ese espejismo. No fue un estallido irracional ni un acto improvisado, sino una acción con objetivos claramente definidos, tanto en el plano táctico como estratégico.

Uno de sus fines centrales fue volver a colocar en el centro del debate la cuestión de los prisioneros palestinos y forzar su liberación. Según datos oficiales, cerca del 25% de la población palestina que vive bajo ocupación ha sido arrestada al menos una vez. En la sociedad palestina, la prisión no es una excepción: es parte del tejido cotidiano. Un refrán popular lo sintetiza con crudeza y verdad: *Frente a cada celda, hay un colchón*. La cárcel es parte de la vida palestina, y la lucha por la libertad de los detenidos, una prioridad colectiva.

A nivel estratégico, la operación también buscó recuperar la cultura de la resistencia frente a lo que algunos intelectuales palestinos han denominado «la cultura de la derrota»: un estado de resignación y aceptación pasiva de la ocupación.

LIBERAR LA MENTE: BASIL AL-ARAJ Y LA LUCHA CONTRA LA RESIGNACIÓN

Uno de los pensadores más lúcidos en esta línea fue Basil al-Araj, intelectual y activista asesinado por Israel en 2017. Su pensamiento representa una crítica radical a la colonización no solo del territorio, sino también de la subjetividad palestina. Al-Araj sostenía que el verdadero peligro no era únicamente la ocupación militar, sino la *colonización de la mente*: la aceptación interiorizada de que no hay salida, de que el único horizonte posible es una mejora parcial de las condiciones materiales bajo el régimen del ocupante.

Para él, esta lógica equivalía a una derrota moral profunda. Su llamado era claro y urgente: *Libera tu mente*. Esa frase sintetiza toda una filosofía política de resistencia, centrada en desmantelar la sumisión impuesta y recuperar la capacidad de imaginar una vida digna, libre, con futuro.

Basil al-Araj denunciaba con claridad que el miedo no protege. No evita la Ocupación ni garantiza la seguridad. Por el contrario, paraliza, desgasta y, finalmente, somete. En ese sentido, su pensamiento articula una crítica al fatalismo y un impulso hacia la acción colectiva: no como un acto desesperado, sino como afirmación de la dignidad.

FUERZA, MIEDO Y LEGITIMIDAD: EL MURO DE HIERRO COMO LÓGICA FUNDACIONAL

El Estado de Israel fue concebido y consolidado sobre una estrategia de fuerza bruta y dominación, articulada desde sus inicios por la doctrina del *muro de hierro* propuesta por Ze'ev Jabotinsky. Este ideólogo del sionismo revisionista comprendió con claridad la profundidad del vínculo del pueblo palestino con su tierra y advirtió que ningún pueblo renuncia voluntariamente a su patria. Por ello, propuso que la única forma de garantizar la supervivencia del proyecto sionista era quebrar, mediante una fuerza implacable, la voluntad de resistencia de los nativos.

Jabotinsky no abogaba simplemente por vencer en el campo de batalla, sino por imponer un muro psicológico, una barrera de desesperanza tan infranqueable que hiciera imposible cualquier intento de rebelión. El objetivo era eliminar la esperanza misma de victoria en el pueblo palestino, forzarlo a aceptar la supremacía de un nuevo orden por puro agotamiento moral.

Desde su fundación en 1948, el Estado de Israel ha seguido una línea de acción coherente con este principio: no solo responder militarmente a la oposición, sino disuadirla mediante la devastación. Las campañas militares no se han limitado a enfrentar a grupos armados; han estado marcadas, una y otra vez, por ataques deliberados a la infraestructura civil, a zonas residenciales densamente pobladas, a hospitales, escuelas y refugios. Lo que en otros contextos se justificaría como «daño colateral», en el caso israelí ha pasado a ser parte de una doctrina de castigo colectivo que transforma a la población civil en blanco principal.

La desproporción se ha convertido en norma. Para eliminar, en el mejor de los casos, a un único combatiente —cuya presencia ni siquiera siempre se confirma— se bombardean edificios enteros, matando a decenas o cientos de personas. Esta lógica no solo infringe principios básicos del derecho internacional humanitario, sino que delata un desprecio absoluto por la vida humana palestina. La violencia, aquí, no es un medio accidental: es un método estructural.

Por eso, más de setenta y seis años después de su creación, Israel aún lucha por una legitimación que no ha logrado consolidar plenamente. No ha sido capaz de construir una convivencia estable con sus vecinos ni de ofrecer un horizonte de reconciliación con el pueblo que desplazó. La lógica de su nacimiento —basada en la supremacía de un «derecho histórico» que anula los derechos de quienes ya habitaban la tierra— ha impedido que florezca una convivencia real y justa.

Muchos vieron en la creación de Israel la materialización de un anhelo justo: un refugio seguro para el pueblo judío tras siglos de persecución, discriminación y genocidio. Sin embargo, las acciones del propio Estado israelí han arruinado esa promesa. Paradójicamente, hoy Israel se ha convertido en uno de los lugares más inseguros del mundo para los propios judíos. Mientras tanto, en la diáspora —particularmente en sociedades plurales y democráticas— muchas comunidades judías viven con mayor libertad, seguridad y plenitud identitaria que en el Estado que se fundó supuestamente para protegerlas.

Hay una verdad simple, pero devastadora: quien destruye tu hogar, expulsa a tu familia y asesina a tus seres queridos, no está buscando convivir contigo. Está declarando la imposibilidad misma de una vida compartida. Cada crimen cometido contra la población palestina no solo arranca vidas; arranca, también, la posibilidad de imaginar un futuro común. La paz se convierte en un espejismo, la reconciliación en un mito lejano.

Ante este panorama, cabe preguntarse —desde lo más profundo de la conciencia moral— si, después de tanto horror, puede aún ser posible la convivencia entre ambos pueblos. Tal vez, como sugiere T. S. Eliot en uno de sus versos más crudos y lúcidos: *After such knowledge, what forgiveness?* (Después de tal conocimiento, ¿qué perdón?).

El periodista Jonathan C. Randal, inspirado en esa misma reflexión, tituló uno de sus libros más contundentes: *¿Es posible el perdón después de conocer el horror?*[2] Su pregunta, cargada de humanidad y dolor, sigue resonando en nuestro presente. No como un cierre, sino como un dilema abierto. Porque en las ruinas de cada casa destruida, en los cuerpos de cada niño asesinado, no sólo se desmorona la vida: se desvanece también la posibilidad de una memoria compartida que pueda fundar un porvenir.

---

2. *After Such Knowledge, What Forgiveness? : My Encounters with Kurdistan.* Reno: Farrar, Straus & Giroux, 1997

LA NATURALEZA DEL CONFLICTO

Cuando se aborda el conflicto palestino-israelí, con frecuencia el debate se limita a los síntomas inmediatos: ¿quién disparó primero?, ¿cuál fue la magnitud del último ataque?, ¿cuántas víctimas hubo? Esta forma de análisis, centrada en eventos puntuales y descontextualizados, impide una comprensión profunda de la naturaleza estructural del conflicto.

Todo conflicto tiene un origen histórico que marca su inicio y da sentido a su desarrollo. Sin embargo, en el caso palestino-israelí, esa fecha de inicio suele ser ignorada o desplazada. El enfoque dominante tiende a fijarse en la última acción violenta atribuida a los palestinos, especialmente cuando va dirigida contra las fuerzas israelíes. Entonces, se anuncia como el «inicio» de una nueva ola de violencia, sin atender a los factores estructurales que la preceden.

Esta lógica fragmentada es comparable a la fábula contada por David Foster Wallace en su célebre discurso de la Universidad de Kenyon. En ella, dos peces jóvenes nadan por el agua hasta que se cruzan con un pez mayor que los saluda: «Buenos días, chicos. ¿Cómo está el agua?». Los peces siguen su camino en silencio, hasta que uno pregunta al otro: «¿Qué demonios es el agua?». La lección no solo trata de aprender a nadar, sino de aprender a ver. Ser conscientes del medio que habitamos. Porque lo más evidente suele ser también lo más invisible.

En el caso de Palestina, ese «agua» es el colonialismo de asentamiento: un sistema que no se conforma con dominar o explotar a la población nativa, sino que busca su eliminación y su sustitución. Es esta realidad estructural la que condiciona la violencia, la resistencia y la Ocupación. Ignorarla no solo distorsiona el análisis, sino que refuerza una narrativa que deshumaniza a quienes viven bajo Ocupación y niega las raíces históricas del conflicto.

Como planteó el historiador Patrick Wolfe, «la lógica del colonialismo de asentamiento es la eliminación del nativo». Y esta lógica, lejos de ser un episodio aislado, ha sido la columna vertebral del sionismo político desde su implantación en Palestina. El despojo territorial, la segregación legal, la sustitución demográfica y la reescritura del relato histórico no son efectos colaterales ni errores de cálculo: son los pilares de un proyecto fundacional. Sin este marco de análisis, el conflicto parece un choque trágico entre dos naciones simétricas; pero cuando se revela la estructura, aparece con claridad lo que es: una relación de colonizador y colonizado.

NAKBA: ORIGEN DE UNA TRAGEDIA AÚN PRESENTE

En 1948, con la creación del Estado de Israel, más del 75% de la población palestina fue desplazada forzosamente. Esta expulsión masiva, conocida como la Nakba —«catástrofe» en árabe—, no fue un efecto del caos de la guerra, como se ha querido presentar, sino el resultado de una estrategia militar meticulosamente diseñada: el Plan Dalet. Su propósito era claro y eficaz: vaciar Palestina de sus habitantes originarios para garantizar la viabilidad demográfica del nuevo Estado judío.

Más de 750 000 personas fueron obligadas a abandonar sus hogares. Se destruyeron al menos 531 aldeas. Se perpetraron más de treinta masacres, como han documentado historiadores tanto palestinos como israelíes, entre ellos Ilan Pappé en *La limpieza étnica de Palestina*[1]. Las propiedades abandonadas fueron confiscadas, sus bienes nacionalizados, sus campos y olivares asignados a nuevos colonos.

La Nakba no fue un evento puntual, sino el acto inaugural de un régimen de colonialismo continuo. Y como todo acto fundacional, instauró una narrativa que intenta legitimar el presente sobre los escombros del pasado. Los campos de refugiados, las ruinas bombardeadas de Gaza, los muros que dividen Cisjordania: todo remite a aquella catástrofe original. Reconocerla no es solo una cuestión de fidelidad histórica, sino de justicia política. Porque ningún acuerdo de paz será duradero si niega la raíz del despojo.

EL ARTE DEL BORRADO: MEMORIA, PAISAJE Y SILENCIO

Tras la expulsión vino el borrado. No solo físico, sino simbólico. Todo régimen colonial necesita destruir no solo al cuerpo del colonizado, sino

1. Barcelona: Planeta/Booket, 2014.

también su memoria. Y uno de los mecanismos más eficaces para ello ha sido la transformación del paisaje.

Una de las herramientas más insidiosas en este proceso ha sido la forestación colonial. A partir de los años cincuenta, se emprendió una campaña masiva de plantación de pinos sobre los restos de aldeas palestinas destruidas. Esta acción fue presentada como un esfuerzo de «reforestación», una operación ecológica para «hacer florecer el desierto». Pero su verdadero objetivo era otro: cubrir las huellas del crimen, borrar del terreno toda traza de lo que allí existió.

Los pinos, resistentes y de rápido crecimiento, fueron elegidos no por razones ambientales, sino ideológicas. Contrasta esto con el olivo palestino, árbol milenario que representa no solo la economía rural, sino la identidad cultural de Palestina. Desde 1967, más de 800 000 olivos han sido arrancados por las fuerzas de ocupación israelíes. Hoy, incluso los olivos han sido apropiados, replantados en asentamientos ilegales, integrados a un relato turístico que borra su origen y su significado.

La violencia simbólica alcanza dimensiones dolorosamente paradójicas. El Museo del Holocausto, Yad Vashem, se alza cerca del sitio donde ocurrió una de las masacres más infames de 1948: Deir Yassin. En ese solapamiento entre la conmemoración de una tragedia y la negación activa de otra, se manifiesta la operación más peligrosa del poder: convertir el recuerdo en privilegio y el olvido en política de Estado.

El escritor palestino Nur Masalha lo expresó con claridad: «Un crimen no puede ni debe borrar a otro, ni las víctimas adquieren impunidad sobre otras por el mero hecho de serlo». La memoria no es una competencia, pero sí es una responsabilidad.

Un ejemplo notable de resistencia a esta política del olvido fue el gesto de un grupo de profesores e historiadores de la Universidad Hebrea de Jerusalén, quienes en 2012 solicitaron al gobierno israelí que reconociera el pasado del pueblo palestino de Sheikh Badr, sobre cuyas ruinas fue construida parte del campus. Entre ellos estaba Shlomo Sand, quien exigía no un acto político, sino un mínimo gesto de reparación: nombrar lo que fue borrado.

LA MEMORIA COMO RESISTENCIA

La lógica del borrado tampoco se limita al territorio ni a la violencia física. Se extiende a la dimensión más íntima y poderosa de todas: la cultura. El arte, la narrativa, la representación simbólica son también campos de batalla. Desde sus inicios, el Estado de Israel comprendió que ocupar la tierra no bastaba: había que ocupar también el imaginario.

En las primeras décadas de existencia del Estado, numerosos artistas israelíes —sobre todo pintores— retrataron los paisajes de Palestina como si fueran espacios vírgenes, deshabitados, a la espera del redentor pionero. Montañas sin aldeas. Colinas sin olivares. Horizontes sin campesinos. La tierra, en estos cuadros, aparece como promesa disponible, no como historia viva. Se borra al habitante, se silencia su trabajo, su cultura, su presencia. Solo queda una supuesta «naturaleza pura», lista para ser redimida por la modernidad sionista.

Este tipo de representación no es inocente. Es una forma sofisticada de violencia simbólica. Al pintar el paisaje sin sus habitantes, se niega su existencia. Se oculta su historia. Se naturaliza su desaparición. El palestino que cultiva, que recuerda, que camina, que ama su tierra, es una amenaza para este relato de pureza fundacional. Su mera presencia interrumpe la ficción del «desierto florecido». Por eso debe ser eliminado no solo del mapa, sino también del lienzo, del archivo, del relato.

En este proceso, el arte deja de ser testimonio para convertirse en justificación. Lo bello se vuelve cómplice. El despojo se embellece. La Ocupación se vuelve paisaje. Y la cultura —esa que podría ser puente entre pueblos— se convierte en instrumento del borrado.

El colonialismo de asentamiento opera, entonces, en múltiples planos: no solo en la tierra y el cuerpo, sino también en los significados, en la estética, en la memoria.

LA LEGITIMIDAD COMO BOTÍN COLONIAL

Ningún proyecto colonial puede sostenerse únicamente con armas. También necesita legitimarse. En el caso de Israel, esa legitimidad ha sido construida mediante una poderosa y doble narrativa: la del pueblo elegido y la del pueblo víctima. Esta combinación ha operado como escudo frente a cualquier crítica, generando una impunidad simbólica que pocas naciones modernas han conocido.

La figura de la víctima eterna, anclada en el trauma histórico del Holocausto y en siglos de antisemitismo europeo, se proyecta sobre el presente con una fuerza casi mística. Cuestionar al Estado de Israel, entonces, es percibido como una amenaza a la memoria de los muertos en el Holocausto. Como si toda denuncia del colonialismo en Palestina fuera, en realidad, una reedición del odio antijudío.

El historiador Salo Baron advirtió contra esta visión que llamó «la concepción lacrimógena de la historia»: un relato en el que el sufrimiento se convierte en identidad, y la identidad en coartada. Meir Margalit lo ha expresado con crudeza: la sociedad israelí sufre una sobredosis de victimismo, una intoxicación narrativa que impide toda autocrítica.

Este relato ha sido eficaz también fuera de Israel. Occidente, después de siglos de persecución y exterminio del pueblo judío, abrazó una actitud ambivalente. Los acogió simbólicamente como «europeos honorarios», pero los situó fuera de Europa para concretar el proyecto sionista en Palestina. El judío perseguido se transformó, de pronto, en el colono civilizador. De víctima marginal a representante de la modernidad occidental.

En este relato también juegan un rol fundamental los intereses geopolíticos. Los cristianos evangélicos de Estados Unidos, por ejemplo, ven en

Israel el cumplimiento de una profecía bíblica. La historia se vuelve herramienta de poder. La memoria, mercancía. Y la legitimidad, botín.

Pero hay algo profundamente inconsistente en todo esto. Quien necesita justificarse constantemente, no se siente del todo legítimo. El discurso obsesivo sobre «la seguridad del Estado de Israel» revela más fragilidad que fortaleza. El miedo permanente no es una política viable. Y una paz construida sobre la negación del otro solo puede sostenerse mediante la violencia.

La verdadera seguridad —como la verdadera justicia— no puede basarse en el despojo ni en la impunidad.

EL DERECHO A LA MEMORIA

Hay una película llamada *La dama de oro* que cuenta la historia de Maria Altmann, una mujer judía que lucha durante años para recuperar un cuadro de Gustav Klimt robado por los nazis. Han pasado casi siete décadas, pero ella no renuncia ni al arte ni a la justicia. Su historia conmueve porque encarna una verdad universal: que la memoria no prescribe, y que el arte también es un derecho.

Y, sin embargo, me pregunto: ¿cuántas películas serán necesarias para que el mundo escuche el dolor de Palestina? ¿Cuántas voces, cuántos poemas, cuántos archivos? ¿Cuánto más deben narrar los palestinos para ser oídos?

Se han calculado los millones de dólares en propiedades confiscadas. Se han trazado mapas, elaborado censos, documentado archivos. Pero como escribe Manuel Vilas en *Ordesa:* «Ojalá pudiera también medirse el dolor humano con números claros y no palabras inciertas».

El saqueo de una casa puede evaluarse. El saqueo de la historia, no. Borrar la memoria es un crimen lento, pero eficaz. Es negar no solo lo que un pueblo tiene, sino lo que fue. Y lo que fue es inseparable de lo que puede ser. Por eso, el olvido no es neutral. Es una forma activa de violencia. Una forma de muerte.

Resistir, entonces, no es solo seguir vivos. Es recordar. Es narrar. Es reclamar el derecho a existir en el relato del mundo. Frente al silencio impuesto, levantar la voz. Frente al bosque que cubre las ruinas, nombrar los pueblos. Frente a los cuadros sin campesinos, pintar la historia.

La memoria, cuando se ejerce colectivamente, es una forma de justicia. Y en contextos de ocupación, recordar es resistir.

MEMORIA SELECTIVA: EL HOLOCAUSTO Y LA NAKBA PALESTINA

La segunda mitad del siglo XX fue escenario de dos tragedias cuya magnitud sigue resonando en la conciencia de los pueblos: el Holocausto judío y la Nakba palestina. La primera, perpetrada por el régimen nazi, ha sido inscrita con fuego en la memoria colectiva global. La segunda, producto del nacimiento del Estado de Israel en 1948, aún lucha por no ser silenciada.

El Holocausto, como catástrofe moral del siglo, ha sido objeto de amplio reconocimiento. Museos, archivos, monumentos, días de conmemoración y legislaciones específicas aseguran su visibilidad y dignidad. En gran parte del mundo occidental, negarlo es no solo una aberración histórica, sino también un delito. Esta memoria ha sido clave para establecer un consenso ético global en torno a la condena del antisemitismo, el racismo y el genocidio.

En cambio, la Nakba —la «catástrofe» en árabe— ha sido empujada a las márgenes del discurso oficial. Más de 700 000 palestinos fueron expulsados de sus hogares; cientos de aldeas fueron destruidas o vaciadas de forma deliberada para impedir el retorno. Sin embargo, lejos de ser reconocida como una tragedia fundacional del conflicto, la Nakba ha sido objeto de una sistemática operación de negación. En Israel, incluso su conmemoración pública ha sido penalizada. En 2011, el parlamento aprobó una ley que permite sancionar a instituciones que recuerden este episodio, reforzando así una política de represión de la memoria.

La Nakba no es un hecho cerrado. Como advirtió Mahmud Darwish, «es un presente que se prolonga, y que anuncia continuidad hacia el futuro». La Ocupación, el desplazamiento forzado, el expolio territorial, los bloqueos y las demoliciones siguen afectando cada aspecto de la vida palestina.

Por eso, la Nakba no es simplemente el pasado; es el proceso en curso de una catástrofe que no ha encontrado su fin.

En el plano cultural, esta asimetría se vuelve aún más lacerante. El escritor palestino Ibrahim Nasrallah, en *La bibliografía voladora*, sostiene que mientras al autor israelí se le celebra por recordar, al autor palestino se le exige olvidar. La narrativa del dolor, cuando proviene del colonizador, se convierte en identidad legítima; cuando proviene del colonizado, es sospechosa. El escritor palestino, si desea ser traducido, leído, escuchado, debe moderarse, suavizar, autocensurarse. Su testimonio se vuelve incómodo. Su memoria, peligrosa. De esta forma, se aplicó lo que Miranda Fricker denomina «injusticia epistémica», que consiste en negar a ciertos grupos la oportunidad de producir conocimiento y difundir su propia historia, desacreditando su discurso por razones ajenas a su contenido, únicamente porque proviene de un grupo ignorado frente a un discurso único y hegemónico

El historiador Tony Judt, en *Postguerra*[2], señaló que el Holocausto se convirtió en una de las llaves simbólicas del ingreso de Israel en el concierto moral de las naciones. Su reconocimiento ha sido usado como pasaporte a la legitimidad internacional, especialmente en Europa, donde la memoria del genocidio nazi opera como una redención poscolonial. Pero esa centralidad ha generado una jerarquía perversa: no

2. Madrid: Taurus, 2006.

todas las víctimas acceden al mismo estatuto; no todos los muertos son recordados con igual solemnidad.

El resultado es una ética fragmentada: recordar una tragedia mientras se borra otra. La memoria, que debería ser el terreno de la justicia, se convierte en instrumento de poder. Nasrallah denuncia esa doble vara que impera en la cultura global: la que consagra al que recuerda «correctamente» y excluye al que recuerda desde el margen. Esta desigualdad no es anecdótica.

Es política. Medios, editoriales, festivales literarios, universidades, organismos internacionales: todos participan, de forma más o menos consciente, en la construcción de un relato oficial. En ese relato, la Nakba aparece como exageración, invención, obstáculo para la paz. La tragedia palestina debe ser contada en voz baja, con cuidado. Su memoria no debe incomodar. Se la somete a condiciones de posibilidad: puede hablar, siempre y cuando no señale. Puede recordar, siempre que no acuse.

La solución no puede ser la competencia de memorias. No se trata de comparar el dolor ni de establecer una aritmética de las víctimas. Recordar el Holocausto es un imperativo moral. Pero invisibilizar Deir Yassin, Tantura o Lydda en ese mismo proceso, es una forma de complicidad. La memoria no puede ser selectiva. No puede usarse como excusa para justificar nuevas expulsiones, nuevas muertes, nuevos silencios.

Una ética verdadera de la memoria exige incluir a todos los ausentes. Asumir ambas historias

—la del genocidio europeo y la del despojo palestino— no como relatos enfrentados, sino como testimonios complementarios de un siglo trágico. Solo reconociendo la pluralidad de memorias podremos aspirar a una justicia que no se funde en el olvido de los otros.

En ese sentido, la memoria es más que recuerdo: es responsabilidad. Y, en contextos coloniales, recordar también es resistir.

La apropiación cultural ha sido y continua siendo una herramienta del colonialismo moderno en Palestina

La Ocupación de Palestina por parte del Estado de Israel no se limita al control militar, territorial o político. Paralelamente, se despliega un frente menos visible pero no menos devastador: una ocupación simbólica que apunta a despojar al pueblo palestino de sus signos culturales, su historia compartida y sus formas de vida cotidianas. Esta colonización no se impone con tanques, sino con etiquetas, menús, pasarelas, campañas publicitarias y leyes que reescriben la memoria.

La apropiación cultural, en este contexto, no es un fenómeno anecdótico ni un simple cruce de influencias. Se convierte en una herramienta estratégica dentro de un proyecto colonial que no solo busca ocupar el territorio, sino también ocupar el relato. Se trata de una forma de dominación que opera sobre la representación, una disputa sobre quién tiene derecho a nombrar, narrar y preservar.

LA COCINA OCUPADA

La gastronomía es uno de los terrenos más visibles de esta apropiación. Platos emblemáticos del mundo árabe —como el *hummus*, el *falafel* o el *mansaf*— han sido presentados en el mercado global como parte de la «cocina israelí». Este desplazamiento no es neutral: implica la invisibilización de la procedencia árabe-palestina y la resignificación de prácticas ancestrales dentro de una nueva identidad nacional, construida sobre el borrado del otro.

El caso del *zaatar* resulta especialmente elocuente. Esta mezcla de hierbas, centrada en el tomillo silvestre, ha sido usada durante generaciones por las familias palestinas, sobre todo como desayuno acompañado de aceite de oliva y pan. Durante décadas, el Estado israelí prohibió su recolección en zonas rurales bajo pretextos ambientales, criminalizando una práctica tradicional. Hoy, sin embargo, ese mismo *zaatar* es cultivado y comercializado por empresas israelíes, muchas de ellas exportando el producto a países árabes. La planta arrancada de la tierra, expropiada bajo un marco legal, regresa transformada en mercancía, despojada de su contexto cultural y vendida a quienes fueron sus cuidadores originales.

VESTIMENTA Y RESISTENCIA: EL BORDADO Y LA KUFIYA

La apropiación también se manifiesta en el ámbito textil. El arte del bordado palestino, o *tatriz*, no es solo una estética decorativa: es una forma de memoria viva, una narrativa visual donde cada patrón representa una ciudad, un paisaje, una historia. Los hilos bordados por mujeres palestinas son testimonios de resistencia silenciosa frente a la ocupación y el exilio. Sin embargo, en los últimos años, marcas de diseño y entidades oficiales israelíes han intentado presentar este patrimonio como parte de su identidad nacional, desvinculándolo de su origen palestino y llevándolo al circuito global de la moda, donde se lo convierte en objeto de consumo despolitizado.

La misma lógica se aplica a la kufiya, el pañuelo tradicional que desde los años treinta del siglo XX simboliza la lucha anticolonial. Su trama en blanco y negro se ha convertido en un emblema internacional de resistencia, popularizado por Yasser Arafat y por movimientos sociales de todo el mundo. Pero incluso este símbolo ha sido cooptado: diseñadores israelíes han producido versiones estilizadas con los colores de la bandera israelí, e incluso la casa de moda francesa Louis Vuitton lanzó una edición de kufiya decorada con su logotipo, despojando al símbolo de su potencia política y reconvirtiéndolo en accesorio de lujo.

BORRAR PARA POSEER: ARTE, RELIGIÓN Y GEOGRAFÍA SIMBÓLICA

Uno de los pilares discursivos del movimiento sionista en sus inicios fue la representación de Palestina como un territorio vacío o escasamente poblado. Esta narrativa se expresó en el conocido lema «una tierra sin pueblo para un pueblo sin tierra», que buscaba justificar el proyecto político presentando el espacio como disponible, a pesar de la presencia histórica de la población palestina. Este imaginario visual no era ingenuo: respondía a una estrategia de legitimación colonial. Si no había habitantes, no había despojo; si no había historia palestina, no había injusticia.

Este proceso se acompañó de una política lingüística y toponímica que cambió los nombres árabes por hebreos, eliminando referencias geográficas ancestrales. También alcanzó al terreno espiritual: ciertos sectores religiosos han interpretado las escrituras bíblicas como autorizaciones divinas para la conquista. En nombre del «pueblo elegido», se han defendido políticas de exclusión, desplazamiento y supremacía.

La Biblia, sin embargo, no es unívoca. Mientras proclama «No matarás», también contiene pasajes en los que se promete el exterminio de otros pueblos. En Éxodo 23:23 se lee: «Mi ángel irá delante de ti… y yo acabaré con ellos». Estas lecturas literales han servido como justificación para ejercer violencia en nombre de una promesa sagrada. El pensamiento crítico, desde Spinoza hasta Umberto Eco, ha advertido sobre los peligros de esta lógica, que Eco denominó *la enfermedad de la interpretación*: la instrumentalización de textos sagrados como manuales de conquista.

COLONIZAR EL RELATO

La apropiación cultural en Palestina no es simplemente un robo de elementos estéticos. Es una política sistemática que busca borrar al pueblo palestino no solo del mapa, sino también de la historia, del lenguaje, del arte y de la memoria. Es un colonialismo del relato, en el que se reemplaza lo que existía por una versión aceptable para el consumo global.

Esta forma de violencia simbólica es tan eficaz como los cercos militares o las demoliciones.

Resistir esta apropiación no implica un rechazo al intercambio cultural, sino una defensa del derecho a nombrar, a recordar y a habitar simbólicamente un lugar. Como en toda empresa colonial, la lucha no es solo por la tierra, sino por el significado.

EL NUEVO ROSTRO DEL COLONIALISMO

La Ocupación de Palestina encarna un tipo de colonialismo que ha mutado sus formas, pero no su esencia. Ya no se presenta como lo hizo en el siglo XIX: no habla abiertamente de «raza superior» o «misión civilizadora». Hoy, se disfraza con un lenguaje de modernidad: desarrollo, seguridad, democracia, derechos humanos. Pero detrás de esta retórica se mantiene intacto su propósito histórico: despojar, desplazar y borrar a un pueblo.

En este escenario, la apropiación cultural se convierte en una herramienta estratégica. No solo neutraliza los símbolos de la resistencia palestina, sino que sirve como base para construir una identidad nacional israelí sustentada en la negación del otro. Como escribió Edward Said, toda construcción identitaria implica una exclusión. En el caso del sionismo político, esa exclusión ha sido sistemática, profunda y violenta.

El paralelismo con el colonialismo clásico es inevitable. Así como Rudyard Kipling legitimaba la empresa imperial británica con su noción de «la carga del hombre blanco», el sionismo ha sido presentado por ciertos sectores occidentales como una «causa justa», una prolongación del relato europeo de redención.

De este modo, el caso palestino revela las características de un colonialismo del siglo XXI: sofisticado, globalizado y legitimado no solo por la fuerza, sino también por marcos teológicos, culturales y económicos. Un proyecto que no solo arrebata la tierra, sino también el derecho a existir, a narrarse, a nombrarse.

Si el genocidio en Gaza no constituyera ya una tragedia suficiente, propuestas como el llamado «Acuerdo del Siglo», impulsado por la administración Trump, revelan la persistencia de una lógica de limpieza étnica diplomáticamente legitimada. Bajo la apariencia de acuerdos de paz, se consolida un sistema de *apartheid* y fragmentación territorial que niega cualquier posibilidad real de autodeterminación palestina. A esto se suma una matriz ideológica clara: el sionismo político, que desde sus orígenes ha requerido borrar al otro para existir.

LA DESHUMANIZACIÓN COMO POLÍTICA DE ESTADO

Lo más alarmante no es la permanencia de estas ideas, sino que sigan pronunciándose con impunidad en pleno siglo XXI. Las declaraciones de figuras políticas como Donald Trump no son meros exabruptos, sino síntomas de una lógica estructural. Evocan un pasado que creíamos superado, pero que sigue operando con nuevas máscaras: el colonialismo decimonónico, con su desprecio por los pueblos no occidentales, proyecta aún su sombra sobre el presente.

En su obra *París 1919*, Margaret MacMillan recoge un intercambio revelador entre los líderes vencedores de la Primera Guerra Mundial:

—Clemenceau: ¿De qué debemos hablar?
—Lloyd George: De Mesopotamia y Palestina.
—Clemenceau: Dígame lo que quiere.
—Lloyd George: Quiero Mosul.
—Clemenceau: Lo tendrá. ¿Algo más?
—Lloyd George: Sí, quiero Jerusalén también.

Este diálogo, casi teatral por su crudeza, expone con claridad brutal la lógica colonial que todavía sostiene gran parte de la política internacional: las tierras no europeas no son vistas como hogar de pueblos con historia y derechos, sino como espacios disponibles para la negociación entre potencias. Esa mirada, heredera del imperialismo, sigue presente en la manera en que se aborda el conflicto palestino-israelí.

Desde entonces hasta hoy, la estrategia ha sido la misma: despojar de humanidad al colonizado. La narrativa hegemónica presenta al otro —en este caso, el palestino— como amenaza, como ente salvaje, como bestia. La metáfora zoológica, usada históricamente para justificar la violencia, reaparece con fuerza. En 1983, Rafael Eitan, entonces jefe del Estado Mayor israelí, afirmó que los palestinos eran «cucarachas drogadas dentro de una botella». Más recientemente, el exministro de Defensa Yoav Gallant los llamó «animales humanos». Y altos funcionarios del actual gobierno han sostenido que «no hay civiles inocentes» en Gaza.

Estas declaraciones no son errores de comunicación. Forman parte de un marco ideológico coherente. No se trata de palabras sueltas, sino de una retórica sistemática destinada a justificar la violencia presentando al otro como culpable por su sola existencia. Así se convierte el exterminio en una práctica racional, incluso moralmente aceptable.

No debe olvidarse que todo genocidio comienza con una narrativa. El Holocausto no nació en Auschwitz, sino en discursos, libros, caricaturas, leyes de exclusión. Fue un proceso lingüístico antes que físico. La palabra se convierte en arma cuando despoja al otro de su condición humana. En este sentido, el Memorial de Auschwitz advirtió:

> El Holocausto no empezó con las cámaras de gas. El odio se generó a partir de palabras y prejuicios, mediante la exclusión legal, la deshumanización y una escalada de violencia.

LA NEGACIÓN DEL NOMBRE

Cuando a un pueblo se le niega el derecho a nombrarse, a contarse, a enseñar su historia, se le expulsa del mundo simbólico. Su sola existencia es percibida como amenaza. En este camino hacia la aniquilación, el lenguaje es una herramienta fundamental: se criminaliza la identidad, se margina la memoria, se prohíbe la palabra.

Lo que más inquieta no son solo los actos de violencia, sino las omisiones. El silencio de muchos gobiernos occidentales, que, mientras proclaman defender los derechos humanos, guardan silencio o justifican crímenes evidentes. Ese silencio no es neutral: es complicidad. Cuando se presenta como «equilibrio» u «objetividad», legitima el *statu quo* del opresor.

La palabra «civilización» vuelve, una vez más, como coartada del horror. Ya la usaron los imperios para justificar saqueos y genocidios. Hoy se reactualiza para convertir la Ocupación en una cruzada contra la barbarie. Pero ¿qué tipo de civilización puede construirse sobre hospitales arrasados, sobre niños bajo los escombros, sobre la humillación cotidiana?

Algunos justifican la destrucción de Gaza en nombre del «derecho a defenderse». Reconocen la desproporción, pero la enmarcan como autodefensa. Esta lógica recuerda a la del historiador Ernst Nolte, quien en los años 80 afirmó que los crímenes nazis debían entenderse como una reacción al comunismo. No negaba el Holocausto, pero lo relativizaba, insertándolo en una narrativa de amenaza. Fue, con razón, duramente criticado por banalizar el genocidio.

Hoy, la figura del mal absoluto ha sido proyectada sobre Hamás. Lo paradójico es que muchos de los sectores que antes defendían a Nolte —incluidas fuerzas de extrema derecha— son ahora defensores acérrimos del Estado de Israel. No por afinidad con el pueblo judío, sino porque han cambiado de enemigo: del antisemitismo al antiarabismo. Es un cambio táctico, no ético.

El apoyo a Israel no proviene necesariamente de una defensa de la democracia, sino de su imagen como bastión occidental frente al islam. Así, antiguos enemigos de los judíos encuentran en la guerra contra Gaza una nueva cruzada contra el «otro». La estructura del odio se mantiene: construir una amenaza, deshumanizarla, justificar su aniquilación.

La arabista Luz Gómez lo sintetiza con precisión en su libro *Palestina. Heredar el futuro*[3]:

> Todo en Gaza se ha convertido en antisemita para la ocupación israelí: los libros de historia, los atlas, incluso la propia palabra «Palestina» es considerada antisemita.

Este tipo de afirmaciones evidencia hasta qué punto la narrativa dominante intenta deslegitimar no solo la lucha palestina, sino su mera existencia simbólica. Nombrar Palestina, enseñarla, dibujar-

3. Madrid: Catarata, 2024.

la, se vuelve subversivo. La identidad palestina se criminaliza no por lo que hace, sino por lo que es: una afirmación de existencia en un espacio que se le quiere negar.

EL CAPITAL COMO MOTOR INVISIBLE

Muchos se preguntan cómo es posible que Israel no opte por evitar tanta inestabilidad y violencia simplemente retirándose de los territorios palestinos ocupados. Sin embargo, desde la perspectiva israelí, esta opción se percibe como contradictoria con uno de los principios del *ur-fascismo* descrito por Umberto Eco: la idea de que el pacifismo es una forma de traición, porque la vida se concibe como una guerra permanente.

En el análisis del conflicto palestino-israelí, suelen mencionarse factores religiosos, históricos o geopolíticos. No obstante, pocas veces se aborda con suficiente claridad el papel del capital. Aunque el beneficio económico no fue la causa original de la Ocupación, hoy constituye uno de sus motores más poderosos.

La Ocupación no solo es un proyecto ideológico o militar. Es también un negocio. Colonias agrícolas, megaproyectos inmobiliarios, tecnología de vigilancia, explotación de recursos naturales: todo ello compone una economía de guerra y control que beneficia a corporaciones, inversores y Estados aliados. A este entramado se suman las industrias del armamento, la ciberseguridad y la «exportación de experiencia» en control poblacional.

En este contexto, Palestina no es solo una causa humanitaria o política. Es también el espejo más claro del nuevo rostro del colonialismo global: una forma de dominación que combina teología, mercado, relato y violencia, en proporciones cambiantes pero con un mismo objetivo final. Silenciar al otro. Borrarlo. Sustituirlo.

Y es precisamente por eso que resistir —con la palabra, con el arte, con la memoria— se vuelve urgente.

LA ECONOMÍA DE LA GUERRA: DEL LUCRO A LA COMPLICIDAD

La guerra no solo destruye: también enriquece. Esta verdad incómoda adquiere una nitidez brutal en el contexto de Palestina. La relatora especial de la ONU, Francesca Albanese, lo expone con claridad en su informe *De la economía de la Ocupación a la economía del genocidio*, presentado ante el Consejo de Derechos Humanos. En él, se detalla cómo un entramado de empresas —desde fabricantes de armas hasta bancos, universidades, constructoras y firmas tecnológicas— participa activamente en las políticas de ocupación, *apartheid* y genocidio ejecutadas por el Estado de Israel.

Lejos de ser un fenómeno meramente geopolítico o ideológico, la Ocupación de Palestina es también una empresa profundamente lucrativa. Albanese señala que no se trata únicamente de responsabilidad estatal: lo que sostiene el cimiento del horror es una red de actores privados que, por acción u omisión, permiten, legitiman y se benefician del actual estado de violencia estructural. La economía que financia la Ocupación es también una economía del exterminio.

El genocidio en Gaza no persiste solo por la parálisis diplomática internacional. Persiste porque es rentable. La industria armamentística global, y en particular la israelí, utiliza el territorio palestino como laboratorio para probar y perfeccionar tecnologías militares que luego son vendidas en el mercado global bajo la etiqueta de *«combat proven»* —probado en combate—. Este valor agregado, paradójicamente, es construido sobre los cuerpos y ruinas del pueblo palestino.

El negocio no termina ahí. Empresas tecnológicas desarrollan y exportan sistemas de vigilancia y control poblacional diseñados con base en la represión cotidiana en Gaza y Cisjordania. Constructoras amplían asentamientos ilegales en territorios ocupados, violando el derecho internacional con absoluta impunidad. Bancos financian estos proyectos, mientras universidades participan en programas de investigación orientados a perfeccionar tecnologías de guerra. Cada dron, cada misil, cada muro tiene una cadena de valor detrás que convierte el sufrimiento humano en dividendos.

Se ha instalado un modelo perverso en el que la destrucción y la reconstrucción funcionan como fases de un mismo ciclo económico. Las mismas empresas que contribuyen a arrasar Gaza luego participan en su reconstrucción —hasta que el próximo ataque lo reduzca todo, otra vez, a escombros. Así, el conflicto se convierte en una máquina de acumulación sin freno, y la guerra deja de ser un fracaso diplomático o una excepción trágica: se vuelve una forma estructural de acumulación capitalista.

Israel representa un caso singular dentro de la economía global. Es un país políticamente inestable —con una Ocupación prolongada, conflictos bélicos periódicos y una profunda división social—, pero al mismo tiempo, económicamente próspero. En 2021, sus exportaciones de defensa alcanzaron un récord histórico de 11 300 millones de dólares, un aumento del 55% en apenas dos años. No hay contradicción entre guerra y prosperidad: la guerra es la fuente de la prosperidad.

Incluso la llamada «paradoja de las armas y el caviar» —según la cual un mayor gasto en defensa reduce el consumo de bienes de lujo— parece invertirse en el caso israelí. En Israel, el gasto en defensa y el consumo de lujo crecen en paralelo. El conflicto no debilita el crecimiento económico: lo alimenta. El sector de la seguridad se ha convertido en el núcleo económico del Estado, y la Ocupación ofrece un mercado de prueba constante para sus innovaciones.

Este fenómeno no es exclusivo de Israel. Forma parte de una lógica global en la que la militarización se ha convertido en motor económico. Pero en el caso palestino, esta lógica se exhibe con una crudeza inusual: aquí, la violencia es un fin en sí mismo. La guerra ya no aparece como una anomalía del sistema, sino como su expresión más pura.

Nos enfrentamos, entonces, a una estructura de complicidad global. Mientras las bombas caen sobre Gaza, las bolsas de valores suben. Mientras se demuelen hospitales y escuelas, las acciones de empresas de defensa alcanzan nuevos máximos. La sangre se convierte en divisa. Y la indignación internacional, si llega, lo hace demasiado tarde, cuando ya todo ha sido monetizado.

Este escenario plantea una pregunta ética ineludible: ¿qué significa defender los derechos humanos en un mundo donde la guerra es rentable, donde el exterminio se transforma en oportunidad de negocio, donde la impunidad se cotiza al alza? ¿Qué valor tiene la vida humana cuando se inserta en una cadena de suministro global?

Más allá de los discursos diplomáticos y las resoluciones no vinculantes, es urgente repensar la responsabilidad colectiva. Porque mientras la comunidad internacional condena la violencia con una mano, con la otra firma contratos, invierte en fondos, desarrolla patentes, promueve acuerdos comerciales. La neutralidad, en este contexto, no existe. El silencio es cómplice. Y la complicidad, en última instancia, también se escribe en cifras.

LA RELACIÓN OCCIDENTAL

Al consultar a ChatGPT en 2023 sobre el derecho del pueblo palestino a la justicia, la respuesta fue que se trata de un tema complejo y que aún se está buscando un consenso al respecto. En contraste, al plantear una pregunta similar sobre el derecho del pueblo israelí, la respuesta fue clara y afirmativa: que, como todos los pueblos del mundo, el pueblo de Israel tiene derecho a la justicia y a la igualdad.

Para entender esta diferencia, puede ser útil el siguiente ejemplo: a finales de 2017, AlphaZero —un programa de inteligencia artificial desarrollado por DeepMind (Google)— derrotó a Stockfish, hasta entonces el motor de ajedrez más potente del mundo. ¿Dónde estuvo la clave del éxito? AlphaZero fue entrenado íntegramente mediante aprendizaje autónomo de IA, sin intervención humana directa en las jugadas. En cambio, Stockfish estaba basado en jugadas programadas, derivadas de partidas humanas previas.

Esto deja en evidencia una realidad importante: ChatGPT, al ser preguntado sobre temas como Palestina, no responde desde principios universales del derecho internacional, sino dentro de marcos preexistentes que reflejan posiciones políticas dominantes —en este caso, europeas o occidentales—.

No debería sorprendernos. La inteligencia artificial no es humana, no tiene conciencia, juicio moral ni capacidad de reflexión autónoma. Es una herramienta creada por seres humanos, entrenada con contenidos producidos por ellos, y por lo tanto inevitablemente reproduce los marcos conceptuales, culturales y políticos predominantes en las fuentes utilizadas para su desarrollo.

Por eso, no es extraño que la respuesta de ChatGPT no haya reflejado de forma clara los principios del derecho internacional aplicables a Palestina, sino más bien la perspectiva política dominante en ciertas regiones del mundo.

Esta diferencia en el enfoque revela una asimetría en el tratamiento discursivo de los derechos de ambos pueblos, lo cual plantea interrogantes sobre los sesgos implícitos en los sistemas de inteligencia artificial y la reproducción de narrativas desiguales en contextos de conflicto.

La visión europea contemporánea hacia el mundo árabe continúa, en muchos casos, anclada en una lógica colonial. Desde esta perspectiva, Israel es concebido como una suerte de avanzada de ese imaginario colonialista, funcionando en la práctica como un proyecto que reactiva ciertas nostalgias imperiales europeas.

La ensayista y artista rusa Svetlana Boym, en su obra *El futuro de la nostalgia*[1], distingue entre dos formas de nostalgia. Por un lado, la *nostalgia reflexiva,* propia del emigrado o del esteta, se ma-

1. Madrid: Antonio Machado Libros, 2015.

nifiesta en la contemplación melancólica del pasado: quienes coleccionan cartas antiguas o admiran iglesias vetustas aunque no practiquen la fe. Este tipo de nostálgico idealiza el pasado sin la intención real de reconstruirlo.

Por otro lado, se encuentra la *nostalgia restauradora,* que no se limita a evocar el pasado, sino que pretende activamente reconstruirlo. Este grupo no solo contempla imágenes antiguas, sino que se convierte en productor de mitos y arquitecto de una memoria idealizada. Aspiran a «reconstruir el hogar perdido» y a llenar los vacíos de la memoria con una narrativa totalizante. Bajo esta lógica, los actores históricos son exaltados como figuras heroicas sin matices, y cualquier cuestionamiento a sus acciones —incluso cuando estas tuvieron consecuencias letales— es descartado en nombre de una verdad considerada absoluta.

Los países occidentales han fundamentado su relación con Israel en torno a la seguridad del Estado israelí, mientras que la situación del pueblo palestino ha sido relegada a un daño colateral considerado aceptable.

La creación del Estado de Israel, el 15 de mayo de 1948, implicó la expulsión y el desarraigo de la población palestina de su tierra. Más del 75% de los palestinos se convirtieron en refugiados que desde entonces viven en campamentos sin derecho al retorno.

Con el tiempo, la ocupación de los territorios palestinos ha sido normalizada y presentada como una medida necesaria para garantizar la seguridad de los ciudadanos israelíes.

Actualmente, se recurre al argumento de que es indispensable eliminar a Hamás, y si esto conlleva actos que se clasifican como genocidio o incluso limpieza étnica, tales acciones son presentadas como justificables en nombre de la seguridad.

Estados como Alemania, una vez más, han aceptado que los palestinos sean tratados como víctimas colaterales. La opresión y colonización que sufre el pueblo palestino se presenta, implícitamente, como un precio justo a pagar para que Alemania pueda expiar sus crímenes del pasado.

En esa lógica, se atribuyen el derecho de hacer —y repetir— lo que se hizo en otros contextos históricos, como con los pueblos indígenas en América: conquistar, desplazar, exterminar, todo en nombre de una causa supuestamente superior.

La estrategia militar europea, y por extensión occidental, ha estado históricamente anclada en el uso y perfeccionamiento de la fuerza. Desde la Revolución Industrial hasta la actualidad, existe una correlación inquietante entre los avances técnicos y la concepción de la guerra como un acto despersonalizado, casi quirúrgico. El pensamiento estratégico europeo, que una vez incorporaba componentes éticos, hoy se inclina hacia una lógica mecánica donde la superioridad tecnológica —y no la justicia de la causa— define la legitimidad de la acción.

En el siglo XX, el mito de la supremacía aérea marcó un antes y un después. Se creyó, y aún se cree, que dominar el cielo garantiza la victoria. Esta noción generó la ilusión de que la guerra puede prescindir del elemento humano. Drones, satélites, misiles guiados y, ahora, inteligencia artificial están configurando un escenario bélico deshumanizado, donde la muerte se gestiona desde pantallas, como si se tratara de un videojuego. La tecnología se convierte no solo en herramienta, sino en coartada.

Israel ha sido uno de los países que llevó esta lógica al extremo, desarrollando un sofisticado sistema de vigilancia y control sobre la población palestina. La ilusión del control total, basada en algoritmos, cámaras y bases de datos, generó una falsa sensación de seguridad. Pero el 7 de octubre de 2023, esa ilusión se quebró. El ataque sorpresa que sacudió a Israel y al mundo demostró que ninguna tecnología puede anticipar ni contener por completo la voluntad humana, especialmente cuando se alimenta del dolor, la exclusión y la desesperanza.

Este fenómeno no es nuevo, pero hoy toma una forma más brutal: la asociación de la fuerza con la razón. El viejo refrán inglés *«might is right»* —el poder hace el derecho— ha sido reactivado con una crudeza que debería alarmarnos. Ya no se trata de justificar la violencia como mal necesario, sino de celebrarla como solución eficiente

El componente moral en el uso de la fuerza se ha desvanecido. Hoy, lo que prima no es la justicia de una acción, sino su eficacia, su capacidad para producir resultados concretos, para «ganar». En este contexto, el criterio ético ha sido desplazado por la lógica instrumental del poder.

La artista boliviana María Galindo, fundadora del colectivo *Mujeres Creando*, lo expresó con crudeza y lucidez: «Nadie que no tenga un arma parece tener derecho a hablar». Esta frase resume con precisión el desplazamiento del diálogo como mecanismo legítimo de resolución de conflictos. El monopolio de la violencia ha sustituido a la legitimidad del debate público, relegando al silencio a quienes no poseen poder militar ni económico.

En este nuevo orden discursivo, la palabra ha sido desarmada. La fuerza ha usurpado el lugar de la razón, y solo quienes portan armas —simbólicas o reales— parecen autorizados a ocupar el espacio político. Es un síntoma alarmante de la degradación del tejido democrático y del colapso de los canales tradicionales de mediación y escucha.

Una conversación atribuida al presidente estadounidense Joe Biden con el primer ministro israelí Benjamín Netanyahu ilustra con crudeza la lógica dominante en ciertos círculos de poder. Según informes, Biden habría advertido que Israel no puede continuar asesinando civiles impunemente. La respuesta de Netanyahu fue directa y reveladora: «Tenemos que ganar. ¿Acaso ustedes, para ganar, no destruyeron Dresde y lanzaron la bomba atómica?».

Esta lógica expone una continuidad histórica inquietante: la aceptación del genocidio y el terror como costos legítimos del triunfo militar. A esa respuesta podría añadirse, sin desentonar, una mención al modo en que Estados Unidos construyó su propio Estado: sobre la base de la conquista, el desplazamiento y el exterminio de los pueblos indígenas.

Este tipo de justificación refleja un sentimiento que parece haber echado raíces en ciertos sectores del pensamiento israelí contemporáneo: la idea de pertenecer a un club tácito de supremacía racial, en el que la victoria lo justifica todo. Bajo esta visión, no solo se legitima el uso ilimitado de la fuerza, sino que se asume el derecho a replicar —e incluso superar— las violencias fundacionales de otros imperios coloniales.

Así, se nacionaliza un principio despiadado: solo los más fuertes, y los que golpean primero, merecen vivir. Esta ideología convierte la historia en manual y la brutalidad en modelo. No es simplemente una estrategia de guerra; es una visión del mundo en la que la moral se subordina a la fuerza, y la memoria se instrumentaliza para justificar el presente.

La historia de la civilización moderna está plagada de episodios donde el genocidio fue piedra fundacional. Desde la colonización de América hasta la Shoá, pasando por Ruanda, Bosnia o Irak, la violencia extrema ha sido una herramienta recurrente. Hoy, en lugar de aprender de esas tragedias, nuestras sociedades rinden culto al éxito, a la competitividad, al dominio. Vivimos en una economía del capital que adora la fuerza y premia los logros sin preguntar por sus costos humanos o éticos.

Por ello, numerosos analistas sostienen que Europa, al centrarse casi exclusivamente en la condena de los crímenes del nazismo y del totalitarismo, ha evitado emprender una revisión profunda de su propio pasado colonial. Este silencio ha permitido eludir la confrontación con lo que podría denominarse su «pecado original»: la arraigada creencia en una supuesta superioridad blanca sobre otros pueblos. Esta omisión ha condicionado históricamente el carácter y la legitimación de muchas de las violencias ejercidas fuera de su territorio.

A comienzos del siglo xx, la población judía formaba parte de la esfera cultural de Occidente, pero seguía siendo objeto de exclusión y discriminación. Hoy, esa relación ha cambiado sustancialmente: en muchos discursos y percepciones, los judíos europeos e israelíes han pasado a ser incluidos dentro de la categoría de «blancura occidental», dejando atrás su histórica condición de minoría perseguida para convertirse en un referente político, social y estratégico dentro del bloque occidental.

El apoyo a Israel ya no se articula únicamente, como declaran, sobre la base de su carácter supuestamente democrático, sino que, en algunos sectores, parece reproducir lógicas que recuerdan al propio colonialismo europeo. En este contexto, se ha configurado una inquietante convergencia entre determinados sectores nacionalistas y supremacistas blancos —tanto en Estados Unidos como en Europa— y sectores dentro de Israel que defienden una concepción etnonacionalista del Estado.

El actual sistema político internacional muestra síntomas de un desplazamiento hacia posiciones más conservadoras y nacionalistas. Cada vez son más visibles las conexiones entre el Estado israelí y partidos europeos afines ideológicamente: aquellos que promueven una identidad nacional basada en la exclusión de la inmigración y la defensa de una homogeneidad étnica. De este modo, se ha generado una relación de tolerancia mutua: Israel muestra permisividad frente a expresiones de antisemitismo en estos países, siempre que no estén dirigidas a su política exterior o a la propia comunidad israelí. A cambio, estos gobiernos europeos adoptan una postura tolerante o incluso abiertamente favorable hacia la ocupación de territorios palestinos y al genocidio en Gaza, donde el gobierno israelí encuentra algunos de sus mayores apoyos internacionales. El resultado es que, hoy en día, Israel se ha convertido en un referente muy atractivo para gran parte de los movimientos de extrema derecha a nivel mundial. Paradójicamente, muchos de estos grupos, no hace tanto tiempo enarbolaban abiertamente la bandera del antisemitismo. Ahora, sin embargo, ven en Israel un modelo de nacionalismo agresivo, de militarización y de políticas de exclusión que se alinean con su propia visión del mundo.

Como es bien sabido, en su momento el colonialismo fue el resultado de una clasificación —o, mejor dicho, una jerarquización— de los pueblos. El engaño solía ser la carta de presentación de las potencias coloniales, que justificaban su presencia asegurando que llegaban para cristianizar, civilizar o fomentar el desarrollo de los nativos. Hoy día, este discurso se ha transformado, y lo que se promueve es la «democratización», pero en el fondo persiste una reticencia a reconocer y asumir plenamente este pasado oscuro de su historia.

Incluso, existen corrientes de extrema derecha que intentan recuperar y glorificar ese pasado colonial como algo positivo. Esta actitud refleja una negativa a reconocer la carga histórica del colonialismo, así como la deuda moral y material contraída con los pueblos sometidos.

Un ejemplo claro de ello es la ley aprobada en Francia el 23 de febrero de 2005, que calificaba la colonización como un acto positivo, un proyecto civilizador y de desarrollo, a pesar de reconocer la existencia de actos violentos cometidos durante ese período. Según el historiador Alain Peyrefitte, este hecho refleja que la sociedad francesa aún se encuentra en un estado de inercia que le impide deshacerse de su herencia autoritaria.

DALE UNA OPORTUNIDAD A LA GUERRA: EL USO ESTRATÉGICO DEL CONFLICTO EN LA ECONOMÍA GLOBAL

En el escenario internacional contemporáneo, la guerra ha dejado de ser vista como un fracaso político o una catástrofe humanitaria, para convertirse —en ciertos círculos de poder— en una herramienta legítima de gestión económica y geopolítica. La adoración moderna al «becerro de oro», símbolo del poder militar y el éxito económico, ha reemplazado cualquier noción trascendente de justicia o ética. En este nuevo orden, la capacidad de aniquilar ya no genera repulsión, sino admiración; el uso de la fuerza no escandaliza, sino que inspira respcto. Las guerras, lejos de ser evitadas, son promovidas por su rentabilidad y funcionalidad en el sistema global.

LA GUERRA COMO MOTOR ECONÓMICO

El periodista y economista Joaquín Estefanía, en su libro *La economía del miedo*[2], analiza cómo los gobiernos han sabido aprovechar la incertidumbre y el conflicto para reactivar economías estancadas. En tiempos de crisis, la guerra funciona como un estímulo keynesiano no declarado: activa industrias, justifica el gasto público y fortalece la cohesión interna bajo una retórica patriótica o defensiva. Esta dinámica convierte el conflicto armado en una suerte de catalizador económico, especialmente útil cuando las vías tradicionales de crecimiento se agotan.

EDWARD LUTTWAK: LA GUERRA COMO SOLUCIÓN

En esta misma línea argumentativa se inscribe el intelectual norteamericano Edward Luttwak, autor de *Give War a Chance*[3]. En esta obra, Luttwak desafía

2. Barcelona: Galaxia Gutenberg, 2011.
3. Foreign Affairs, Vol. 78, No. 4 (Jul. - Aug., 1999), pp. 36-44.

la visión humanitaria de las Naciones Unidas y critica sus esfuerzos por imponer altos el fuego prematuros en conflictos civiles o internacionales. Según él, interrumpir una guerra sin que exista un claro vencedor no solo prolonga el sufrimiento y perpetúa la inestabilidad sino que bloquea cualquier posibilidad real de resolución. Su propuesta, provocadora por naturaleza, consiste en «darle una oportunidad a la guerra», permitir que los bandos en conflicto agoten sus recursos y se imponga un equilibrio por la vía militar, no diplomática.

Este enfoque, para nada marginal, ha tenido ecos en la política exterior de potencias como Estados Unidos. Durante la guerra civil en Siria, por ejemplo, se aplicó una estrategia de equilibrio perpetuo: apoyar a los rebeldes cuando el régimen de Bashar al-Assad ganaba terreno, y paralizar el apoyo cuando los rebeldes estaban en ascenso. La lógica: evitar que uno de los bandos se impusiera del todo, manteniendo así la guerra activa como herramienta de control regional.

LA DOCTRINA KISSINGER Y EL CASO IRÁN-IRAK

Esta visión de la guerra como medio de control no es nueva. Durante la década de 1980, Henry Kissinger, arquitecto de la política exterior estadounidense, declaró en el contexto de la guerra Irán-Irak: «Es una pena que ambos no puedan perder». Esta frase resume la esencia de una política basada en el desgaste mutuo. Oficialmente, Estados Unidos apoyaba a Irak, mientras que clandestinamente enviaba armas a Irán a través del escándalo conocido como Irán-Contra o *Irangate*. El objetivo era claro: prolongar el conflicto para evitar que cualquiera de las dos naciones emergiera como potencia dominante en el Golfo Pérsico.

El análisis de autores como Estefanía, Luttwak y la praxis de Kissinger evidencia que, en muchos casos, la guerra no es un error o una tragedia inevitable, sino una estrategia deliberada. En el tablero geopolítico global, el sufrimiento humano queda subordinado a intereses económicos, y la ética se pliega ante el cálculo estratégico. Darle una oportunidad a la guerra no solo implica permitir que los conflictos sigan su curso, sino aceptar que el crimen, cuando se vuelve rentable, deja de ser crimen para convertirse en política de Estado.

Estamos, quizás, ante una de las más peligrosas transformaciones culturales de nuestra era: la normalización «y hasta la glorificación» de la guerra como medio legítimo de gestión global. Cuando el uso de la fuerza deja de estar vinculado a un principio de justicia, y se transforma en una mera herramienta de rentabilidad o dominación, algo profundo se ha roto en la conciencia colectiva. La violencia ya no escandaliza; se asume como parte natural del paisaje político. lo inadmisible se vuelve rutina.

ISRAEL, LA INDUSTRIA MILITAR Y EL «LABORATORIO PALESTINO»

Israel, admirado por muchos países occidentales por su desarrollo tecnológico y militar, ha construido una poderosa industria armamentista en gran parte gracias a su experiencia en conflictos, especialmente en los territorios palestinos ocupados. Estos enfrentamientos han servido, según diversos analistas, como campo de pruebas para nuevas tecnologías militares. La eficacia de los equipos israelíes usados para arrasar los hospitales gazatíes o liquidar a familias hambrientas en los puntos de distribución de alimentos parece seducir a los estados europeos. En 2024, Israel alcanzó un récord histórico en exportaciones militares: 14800 millones de dólares, según cifras oficiales del Ministerio de Defensa. De ese total, el 54% correspondió a contratos con países de la Unión Europea.

Este notable aumento ha coincidido con la intensificación de las operaciones militares en la Franja de Gaza, particularmente durante ofensivas en las que, según organizaciones internacionales, se han documentado ataques contra hospitales, zonas residenciales y centros de distribución de alimentos.

Varios observadores, entre ellos medios como *Le Monde Diplomatique*, han calificado este fenómeno como una «feria del genocidio», aludiendo al modo en que el aparato bélico israelí es exhibido y comercializado al tiempo que se desarrolla la ofensiva. La paradoja es cruda: el éxito comercial de estas armas parece ligado a su eficacia letal demostrada sobre población civil indefensa, lo que plantea serias interrogantes éticos sobre la complicidad —directa o indirecta— de los compradores internacionales.

En este contexto, la relación entre desarrollo tecnológico, conflicto prolongado y rentabilidad comercial se vuelve difícil de ignorar. La guerra aparece como un entorno productivo, un espacio en el que se innova, se prueba, y finalmente se vende. Más aún, cuando los mercados principales son democracias europeas que, de manera simultánea, condenan en foros públicos las consecuencias humanitarias del conflicto.

Este caso nos obliga a replantear una pregunta central en el estudio de las relaciones internacionales contemporáneas: ¿hasta qué punto las guerras del presente están siendo incentivadas, sostenidas o incluso deseadas por los beneficios que generan? Y más allá de las cifras, ¿cuál es el costo moral de convertir la devastación humana en una vitrina tecnológica de exportación?

Una práctica destacada ha sido la comercialización internacional de estos sistemas con el argumento de que han sido «probados en combate», lo que representa un sello de garantía para muchos compradores. Este fenómeno ha sido denominado por algunos críticos como el uso del «laboratorio palestino», en referencia a cómo las armas son utilizadas primero en los territorios ocupados antes de ser vendidas globalmente.

La empresa israelí Elbit Systems, una de las principales fabricantes de drones y tecnología militar del país, ha llegado incluso a proyectar vídeos promocionales de drones que han sido utilizados en operaciones militares contra la población palestina. Estas imágenes se presentan como evidencia de la efectividad del producto.

El experto global en industria armamentística y tráfico ilegal de armas, Andrew Feinstein, citado por el periodista Antony Loewenstein, ha señalado que «ningún otro país fabricante de armas se atrevería a mostrar imágenes reales de sus armas en acción como lo hace Israel». Según Feinstein, esto revela una estrategia de *marketing* única y profundamente controvertida, basada en la violencia real.

La exportación israelí no se limita únicamente a armas y sistemas de seguridad, sino que también incluye la difusión de modelos de asesinato extrajudicial y técnicas de tortura. El escritor israelí Neve Gordon, en 2002, relataba que mientras Estados Unidos se preparaba para la invasión de Irak, observadores del ejército estadounidense presenciaron cómo soldados israelíes arrasaban con buldóceres gran parte del campo de refugiados de Yenín, en la ciudad palestina de Cisjordania. Esta operación sirvió como modelo de táctica en guerra urbana, una estrategia que posteriormente fue aplicada por las tropas estadounidenses ante la resistencia del pueblo iraquí.

La académica Amy Kaplan, en su libro *Nuestro Israel americano*[4], detalla que durante los interrogatorios en Irak, militares estadounidenses utilizaron una

4. *Our American Israel: The Story of an Entangled Alliance.* Cambridge: Harvard University Press, 2018.

técnica de tortura de origen israelí conocida como «la silla palestina», que consiste en inmovilizar al prisionero en posición de cuclillas durante largas horas, causando un intenso sufrimiento físico y psicológico.

Estos hechos también arrojan luz sobre las prácticas sistemáticas de tortura que Israel aplica a los prisioneros palestinos en sus cárceles, una realidad que ha sido ampliamente documentada por diversas organizaciones de derechos humanos.

LA FUERZA BRUTA COMO ARQUITECTURA DEL PODER: GAZA, RESISTENCIA Y GUERRA EN TERRITORIOS IMPOSIBLES

En la lógica de las relaciones internacionales contemporáneas, la fuerza bruta continúa siendo el principal factor para definir y proyectar poder. A pesar de los discursos sobre legalidad, diplomacia y derechos humanos, el uso del poder militar y la capacidad de imponer narrativas siguen determinando quién es escuchado, quién es silenciado, y quién es reducido a la categoría de «víctima aceptable». Esta lógica se evidenció de forma dramática el 7 de octubre de 2023, cuando la operación lanzada desde Gaza sorprendió tanto a Israel como a sus aliados occidentales. El desconcierto no solo fue militar, sino profundamente simbólico.

LA VÍCTIMA ACEPTABLE Y LA INGENIERÍA SOCIAL OCCIDENTAL

Durante décadas, Occidente ha promovido una forma de ingeniería social que ha buscado moldear al ciudadano palestino como un sujeto pasivo, resignado, cuya única función legítima es la de víctima silenciosa. La protesta, la resistencia o la simple exigencia de derechos rompen con ese molde y, por tanto, son vistas como amenazas que deben ser neutralizadas. En ese esquema, solo se acepta al palestino que sufre, pero no al que resiste. Esta visión, profundamente paternalista y colonizadora, ha contribuido a consolidar una imagen unilateral del conflicto. En consecuencia, esta perspectiva valida la expresión del historiador Henry Laurens sobre la «tierra de sangre» para tratar de comprender la indiferencia ante actos de violencia extrema.

La «tierra de sangre» se refiere a esos espacios donde rigen reglas distintas, donde la vida humana no tiene el mismo valor que en otras partes. Así se entiende que, en Occidente, quienes brindan su apoyo a Israel no lo hacen por ignorancia respecto a la situación o a la violencia ejercida por el Estado israelí contra los palestinos. Muchos justifican esa violencia; otros incluso la aplauden. Tanto los gobiernos como los medios de comunicación disponen de abundante documentación al respecto.

No se puede decir que carezcan de comprensión, pero sí han demostrado una visión que el escritor libanés Gilbert Al-Achcar describió como una «comprensión narcisista»: una empatía selectiva, mediada por intereses propios y por una jerarquización implícita del valor de la vida humana.

GAZA: TERRITORIO IMPOSIBLE PARA LA GUERRA DE GUERRILLAS

Si consultáramos a los teóricos clásicos de la guerra de guerrillas sobre qué territorio descartarían de inmediato para este tipo de lucha, la respuesta probable sería la Franja de Gaza. La doctrina guerrillera suele señalar ciertos requisitos indispensables: un territorio extenso, montañoso o cubierto de bosques, y la proximidad de una frontera aliada que facilite el refugio y el reabastecimiento.

Gaza, en cambio, apenas representa el 1% del territorio israelí, y las fuerzas de resistencia que operan allí disponen de una fracción ínfima del poder militar de Israel —menos del 1%, según estimaciones aproximadas—. A pesar de esta desventaja abrumadora, se han desarrollado formas de lucha organizadas, aunque rudimentarias, que han logrado, al menos de manera temporal, desafiar el desequilibrio de fuerzas.

Desde una perspectiva estrictamente estratégica, Gaza encarna todo lo que desaconsejan los manuales de guerra irregular. Carece de montañas, de selvas, de desiertos extensos. No ofrece profundidad geográfica ni cuenta con el respaldo activo y sostenido de un país fronterizo dispuesto a proporcionar apoyo logístico. A diferencia de Vietnam, Afganistán o Argelia —donde la geografía funcionó como una aliada natural de los movimientos de resistencia— Gaza es un territorio llano, densamente poblado y completamente expuesto al control aéreo, marítimo y terrestre.

En este sentido, se puede decir que Gaza padece una suerte de «maldición geográfica» para cualquier forma de insurgencia, lo que hace aún más significativa la persistencia de las dinámicas de resistencia en condiciones tan adversas.

Por eso, muchos aprovecharon para lanzar críticas a la operación del 7 de octubre, considerándola un error estratégico al plantear y ejecutar una ofensiva que los llevó a entrar de lleno en un conflicto asimétrico de alto costo humano y político. Esta postura crítica, sin embargo, no responde solo a un análisis militar o táctico. En algunos casos, refleja una cultura de la derrota que se ha instalado en ciertos sectores, donde se ha asumido la ocupación como un hecho irreversible y se ha interiorizado la resignación como horizonte político. En otros casos, se trata de una oposición ideológica a cualquier forma de resistencia armada, incluso en contextos de ocupación y bloqueo. Por último, también hubo quienes, desde un profundo escepticismo o desconfianza, llegaron incluso a dudar de la autoría y los verdaderos motivos de la operación.

LA METÁFORA DE LA LÍNEA MAGINOT Y EL ERROR DE LA HISTORIA

Frente a estas limitaciones, la resistencia palestina ha recurrido a una forma de ingeniería de guerra: los túneles. Estos pasajes subterráneos han funcionado como una línea defensiva propia, construida no sobre la base de la superioridad tecnológica, sino sobre la necesidad y la supervivencia. La historia está llena de ejemplos de líneas defensivas que fracasaron. Antes de la Segunda Guerra Mundial, Francia construyó la Línea Maginot, una gigantesca fortificación diseñada para detener una nueva invasión alemana. Esta línea seguía la ruta por la que Alemania había invadido Francia durante la Primera Guerra Mundial. Era una obra de ingeniería impresionante, Hitler, simplemente, la rodeó, invadiendo Francia a través de Bélgica.

Los franceses fueron, como señala Nassim Nicholas Taleb, excelentes estudiantes de historia. Aprendieron los hechos del pasado, no los modelos. Su error fue asumir que el futuro se parecería al pasado inmediato, sin considerar cómo el contexto y las tácticas podían cambiar.

Taleb usa este ejemplo para ilustrar una de sus ideas clave: el problema de prepararse para la última guerra, no para la próxima. La Línea Maginot era una estrategia estática en un mundo cambiante. No tenía capacidad de adaptación. Era frágil porque dependía de que el enemigo repitiera su comportamiento anterior.

En su texto *Cómo los débiles ganan guerras: Una teoría del conflicto asimétrico*, Iván Argüelles sostiene que el éxito en este tipo de guerras depende en gran medida de la capacidad de la parte más débil para evitar enfrentarse directamente a las fortalezas del adversario y, en cambio, explotar sus vulnerabilidades a través de operaciones no convencionales.

En contraste, estructuras como los túneles de Gaza muestran una lógica distinta. No son una obra monumental, sino un sistema dinámico, distribuido y evolutivo. Se adaptan al entorno, a la tecnología y a las respuestas del adversario. Representan un modelo nada frágil: no solo resisten el caos, sino que pueden mejorar con él.

Una característica fundamental de los movimientos de liberación es la conciencia de que difícilmente podrán derrotar militarmente a la potencia ocupante; de hecho, esto rara vez ha sucedido en la historia. Sin embargo, su verdadera batalla consiste en desgastar de manera permanente al ocupante, hacerle la estancia en el territorio insegura e insostenible y, sobre todo, ganar la lucha en el terreno moral. Su objetivo es visibilizar que la ocupación viola todos los códigos éticos y el derecho internacional, así como despertar la adhesión y la solidaridad de la comunidad internacional hacia su causa.

Un ejemplo paradigmático de esta estrategia fue el fin del *apartheid* en Sudáfrica. Este no ocurrió por un súbito despertar moral del régimen sudafricano, sino por el elevado coste moral, político y económico que le supuso mantener el sistema, así como por la persistencia y resistencia inquebrantable del pueblo sudafricano.

Lo esencial es comprender los modelos de adaptación y resistencia. En un mundo incierto, la rigidez es debilidad. La capacidad de cambio, de aprendizaje continuo y de evolución es la verdadera fortaleza.

DE LA DESPROPORCIÓN AL MITO

Así como en la Alemania nazi los judíos —apenas representaban el 1% de la población— fueron convertidos en el chivo expiatorio de todos los males sociales, económicos y políticos, hoy asistimos a una narrativa similar en torno a Gaza. A pesar de su extensión territorial y de que su capacidad militar no alcanza ni el 1% del poder israelí, Gaza es, sin embargo, retratada como una amenaza existencial. Esta pérdida de equilibrio entre realidad y representación revela una operación simbólica más que estratégica.

No es la fuerza real de Hamás la que activa la maquinaria bélica y propagandística de Israel, sino lo que representa: una fisura en el relato de superioridad moral y militar del Estado israelí. Hamás ha sido elevado —o más bien reducido— a una entidad demoníaca, la encarnación absoluta del mal, no por su capacidad efectiva de vencer, sino por su mera capacidad de resistir y de subvertir el discurso hegemónico.

La reacción desproporcionada de Israel frente a cada acto de resistencia palestina no puede entenderse únicamente como una respuesta militar. Es, ante todo, una respuesta narrativa. Cada cohete que atraviesa la Cúpula de Hierro no solo hiere físicamente, sino que perfora una imagen: la de un Israel invulnerable, moderno, civilizado, rodeado de barbarie.

La guerra, en este contexto, no es solo territorial ni armamentística. Es también una guerra de símbolos, de discursos y de legitimidades. Gaza, al igual que los judíos en la Alemania nazi, es menos una amenaza real que una figura construida para justificar la violencia desmesurada, la ocupación prolongada y la supresión de cualquier cuestionamiento ético o histórico.

La fuerza bruta sigue estructurando la política global, pero también revela sus límites. Gaza, a pesar de ser el ejemplo más extremo de desventaja militar y geográfica, ha desafiado esas limitaciones a través de una resistencia profundamente enraizada en el rechazo a la resignación. El verdadero desequilibrio no está solo en las armas, sino en la narrativa. Y mientras el mundo siga exigiendo que los oprimidos sean solo víctimas pasivas, cualquier gesto de dignidad activa será considerado una herejía.

La fuerza no se mide solo en tanques, aviones o en la frialdad de los números que pueblan los informes de inteligencia. Existe otra dimensión del poder que no cabe en las estadísticas militares: la voluntad, la fe y la convicción profunda en la justicia de la causa que se defiende.

En el caso del pueblo palestino, esa dimensión invisible —pero decisiva— ha sostenido una resistencia que desafía toda lógica material. Porque cuando un pueblo no tiene nada, pero está convencido de que su dignidad es irrenunciable, entonces ya posee algo que ninguna potencia puede destruir: el derecho a no rendirse.

Más allá de su escasa capacidad militar, estos hombres estaban movidos por un mensaje poderoso y por valores en los que creían profundamente.

Por supuesto que creo en el equilibrio de fuerzas; es más, es evidente en el caso de Gaza. Pero lo que cuestiono son los elementos que se incluyen en ese balance. La vinculación profunda a la tierra, el amor a la libertad y la decisión de morir con dignidad invalidan, en muchos casos, la aparente superioridad de las armas más sofisticadas.

LA MEMORIA

Los crímenes forman parte de la memoria colectiva de los grupos que los padecen. El filósofo búlgaro Tzvetan Todorov realizó una reflexión interesante sobre lo que denomina los «engaños de la memoria». En su estudio, explica que, si bien la memoria es importante, lo es aún más el uso que se hace de ella. Añade que recordar un suceso de forma «lineal» puede hacer que, en el caso de un genocidio, este permanezca encerrado en sí mismo: sería incomparable y no se extraería de él ninguna enseñanza moral valiosa, adquiriendo únicamente un carácter ritual. En cambio, si se recuerda como un hecho ejemplar y existe la voluntad de utilizarlo como una advertencia o «vacuna», se convierte en una lección valiosa para comprender y evitar situaciones similares en el futuro.

SUDÁFRICA OFRECE UN EJEMPLO ELOCUENTE DEL USO JUSTO Y TRANSFORMADOR DE LA MEMORIA.

No se limitó a privatizar su dolor ni quedó aislada en la amarga experiencia del *apartheid*. Por el contrario, convirtió esa herida histórica en una forma profunda de conocimiento. Al recordar, aprendió a reconocer los rostros del sufrimiento y traducir el dolor en lenguajes compartidos. Desde esa conciencia forjada en la memoria histórica, se ha convertido en un compromiso de solidaridad con las víctimas de la injusticia en cualquier lugar del mundo. Así, llegaron a comprender profundamente el sufrimiento del pueblo palestino. No sorprende entonces que sea precisamente Sudáfrica quien hoy haya interpuesto una demanda contra el Estado de Israel ante el Tribunal Internacional de Justicia. El 29 de diciembre de 2023, Sudáfrica presentó formalmente su denuncia ante dicho tribunal, acusando a Israel, debido a sus ataques en la Franja de Gaza, de violar la Convención.

LA MEMORIA COMO HERRAMIENTA ÉTICA O COMO JUSTIFICACIÓN POLÍTICA

La manera en que distintas naciones o movimientos han gestionado la memoria de sus tragedias históricas tiene implicaciones profundas sobre su ética política y su proyección hacia el mundo. Un ejemplo notable es Sudáfrica, donde, tras el fin del *apartheid*, líderes como Nelson Mandela y Desmond Tutu promovieron una memoria que no buscaba venganza, sino la denuncia del racismo y la opresión, con el objetivo explícito de evitar que esa experiencia se repitiera, ni para su pueblo ni para ningún otro.

Por otro lado, la memoria del Holocausto, una de las mayores tragedias del siglo xx, ha sido usada por el Estado de Israel para justificar su política hacia el pueblo palestino. Lejos de constituirse únicamente en una advertencia contra el genocidio y el racismo, en el discurso oficial israelí, el Holocausto ha sido invocado como justificación para políticas que incluyen la Ocupación, el desplazamiento forzado y la violencia sistemática, acciones calificadas como una forma de limpieza étnica. En ese contexto, la memoria del Holocausto deja de ser una advertencia ética universal para convertirse, peligrosamente, en una «licencia para matar».

El Estado de Israel actúa, como si el Holocausto hubiese ocurrido ayer, proyectando sobre los palestinos y sus simpatizantes la sombra de una culpa que no les corresponde. Esta prolongación interesada de la memoria del Holocausto no solo distorsiona la historia, sino que también dificulta la búsqueda de una paz justa y duradera.

Para el Estado de Israel, el Holocausto ha funcionado no solo como una tragedia histórica de enorme magnitud, sino también como una herramienta discursiva que ha permitido justificar su comportamiento agresivo en la región y consolidar una imagen de víctima perpetua. Esta narrativa ha sido, en muchos sentidos, el combustible ideológico que facilitó la creación del Estado y su posterior legitimación ante la comunidad internacional. La realidad que vivimos hoy no gira en torno a lo que le ocurrió al pueblo judío durante el Holocausto —una tragedia que reconocemos como uno de los crímenes más atroces de la historia moderna—, sino a lo que el Estado de Israel está haciendo en nombre del pueblo judío: un proceso sistemático de opresión y limpieza étnica que, para muchos, constituye un genocidio contra el pueblo palestino.

Se utiliza, muchas veces, como una especie de «tarjeta roja» frente a cualquier crítica a su política colonial o a su trato hacia el pueblo palestino. Las acusaciones de antisemitismo se convierten así en una barrera automática para descalificar toda denuncia, sin atender al contenido ni a la legitimidad de la misma.

A diferencia del caso sudafricano, donde el *apartheid* fue enfrentado como un proceso de aprendizaje, en la sociedad israelí parece haberse interiorizado una idea peligrosa: que ningún mal cometido por ellos podría jamás equipararse con el sufrimiento del pueblo judío durante la Shoá. En esa lógica, cualquier acción, por dura que sea, se vuelve aceptable —o incluso justa— si es vista como parte de una justicia histórica.

La memoria del Holocausto se conmemora en Europa como una especie de religión civil, un ritual laico que celebra los valores de la democracia y los derechos humanos. Sin embargo, como señala el historiador Enzo Traverso, esta memoria hoy, sin embargo, tiende a abandonar su vocación original y a identificarse cada vez mas con la política del Estado de Israel. Este giro transforma la memoria de las víctimas del nazismo en un instrumento que blinda a Israel contra toda crítica, incluso cuando se refiere a su Ocupación y políticas coloniales.

Un ejemplo representativo de esta tendencia es la declaración del presidente francés Emmanuel Macron, quien afirmó que el antisionismo es una forma moderna de antisemitismo. Esta postura, compartida por numerosos líderes europeos, busca neutralizar cualquier crítica legítima al sionismo como movimiento de carácter colonialista y al Estado de Israel como potencia ocupante.

Considerar el antisionismo como una expresión de antisemitismo denota un profundo desconocimiento histórico. De hecho, los primeros opositores al sionismo fueron amplios sectores de la comunidad judía. Muchos judíos —tanto religiosos como laicos— rechazaron el sionismo por considerarlo una transformación indebida del judaísmo, que pasaba de ser una comunidad religiosa a convertirse en un movimiento nacionalista, algo que contradecía sus principios espirituales. Además, consideraban que era una estrategia equivocada para enfrentar el antisemitismo en Europa.

Frente a la persecución y discriminación, las comunidades judías desarrollaron diversas respuestas. Algunas se integraron en los movimientos socialistas, mientras que otras buscaron salidas fuera del continente. Fue en este contexto que surgió el sionismo, un movimiento que, en su formulación original, adoptó rasgos colonialistas al proponer la creación de un hogar nacional judío en Palestina.

Paradójicamente, quienes mostraron mayor entusiasmo por el sionismo fueron, por un lado, sectores laicos judíos influenciados por el nacionalismo europeo y, por otro, antisemitas europeos, que vieron en el proyecto sionista una oportunidad para «deshacerse» de los judíos de Europa. También grupos cristianos evangelistas, movidos por creencias escatológicas, apoyaron el retorno de los judíos a la Tierra Santa antes de la llegada del mesías como parte de su narrativa religiosa. Estos antecedentes históricos muestran que el sionismo no fue nunca una doctrina unificada ni unánimemente aceptada entre los propios judíos.

Esta respuesta, sin embargo, fue inicialmente minoritaria entre los propios judíos. Como recuerda el periodista y ensayista francés Dominique Vidal en su libro *Antisionisme = Antisémitisme?*[1], los primeros opositores al sionismo fueron precisamente judíos, especialmente antes de la Segunda Guerra Mundial. La gran mayoría de las comunidades judías —religiosas y seculares— no apoyaban la idea de establecer un Estado judío en Palestina, y eso no los convertía en antisemitas. Su rechazo se fundamentaba en razones religiosas, éticas, políticas o culturales, incluyendo la convicción de que la identidad judía no debía reducirse a una identidad nacional.

Confundir antisionismo con antisemitismo no solo distorsiona el debate, sino que silencia voces críticas —incluso dentro del propio judaísmo— y borra una parte importante de la historia del pueblo judío.

En esta misma línea, el Parlamento alemán (Bundestag) aprobó el 17 de mayo de 2019 una resolución que califica al movimiento BDS (Boicot, Desinversión y Sanciones) como antisemita.

1. Montreuil: Libertalia, 2019.

Este discurso oficial cobra aún mayor gravedad en el contexto actual, en el que el genocidio palestino —especialmente en Gaza— es visible y televisado. Aun así, tanto Angela Merkel como Olaf Scholz han expresado reiteradamente su apoyo incondicional a Israel, elevándolo a nivel de razón de Estado para Alemania. Este apoyo, en nombre de la culpa histórica alemana por el Holocausto, parece cargar sobre los hombros del pueblo palestino un castigo que no les corresponde. ¿Se puede realmente purgar un genocidio apoyando otro? El resto de Europa no ha actuado de forma muy distinta. En muchos países, el pasado antisemita se ha transformado en un apoyo ciego al Estado israelí, al punto de acusar de antisemitismo a quienes apoyan la causa palestina o critican el sionismo. Así, el rechazo histórico a los judíos se transmuta en un rechazo a los palestinos, ahora culpabilizados por resistir una Ocupación.

Eso es lo que observo como ciudadano que vive en Europa. Cada vez que ocurre una agresión contra el pueblo palestino —asesinatos, torturas, bombardeos—, noto que, casi de inmediato, ciertos espacios televisivos reaccionan emitiendo programas, películas o documentales sobre el Holocausto, como si fuera necesario equilibrar la indignación o desviar la atención.

Pero nosotros, los palestinos, no luchamos por ocupar el lugar de las víctimas. No buscamos el reconocimiento simbólico del sufrimiento, ni competir en una escala de dolores. Nuestra lucha es más simple y urgente: queremos dejar de ser agredidos, ocupados y despojados, y un presente libre de violencia y dominación.

El poeta palestino Mahmud Darwish lo preguntó con claridad desgarradora: *¿Y eso es en nombre del equilibrio?* Parece que hemos entrado en una especie de competencia por el dolor, como si el sufrimiento tuviera un podio, y en él Israel hubiera asegurado un lugar fijo y eterno. No solo se reclama el primer puesto, sino también la exclusividad de ser reconocido como víctima eternamente.

Desde mediados del siglo XX, las víctimas que no fueron identificadas como judíos-semitas por el nazismo han sido, en gran medida, borradas de la memoria colectiva. La tragedia de aquellos años —plural, múltiple, diversa— ha sido contada casi como un sufrimiento exclusivamente judío, dejando en la sombra a millones de otras víctimas: gitanos, comunistas, discapacitados, homosexuales, prisioneros de guerra soviéticos y, por supuesto, los pueblos colonizados, cuya historia de dolor nunca ha ocupado las pantallas ni los museos del mundo occidental.

La memoria no puede ser monopolio. El sufrimiento no debería ser propiedad privada.

Como señala el historiador Shlomo Sand, la memoria occidental de los campos de concentración y exterminio nazi ha sido vaciada de muchas de sus víctimas. Gitanos, resistentes y opositores políticos, comunistas, socialistas, intelectuales polacos, comisarios y oficiales soviéticos, entre muchos otros, han sido progresivamente borrados del relato dominante.

Su sufrimiento ha quedado diluido, marginado frente a una narrativa hegemónica del Holocausto que, al centrarse casi exclusivamente en las víctimas judías, ha silenciado o relegado a quienes también fueron perseguidos y exterminados por el régimen nazi. Esta memoria parcial no solo es históricamente incompleta, sino éticamente injusta: toda víctima merece ser recordada con igual dignidad.

La comparación entre las dos memorias —el Holocausto y el *apartheid*— no busca equiparar directamente las tragedias o simplificar los conflictos, sino subrayar la responsabilidad ética en la forma en que se usa la memoria histórica: como instrumento de paz y justicia, o como coartada para la repetición del sufrimiento, ahora ejercido desde una posición de poder.

Por eso fue un gran acierto que Sudáfrica presentara una denuncia por genocidio contra Israel ante la Corte Internacional de Justicia. No solo por su autoridad moral como país que sufrió y logró superar el *apartheid*, sino también por el profundo simbolismo que encierra: un país con memoria del *apartheid* que interpela a otro país que comete crímenes en nombre de otra memoria, la del Holocausto.

Además, es significativo que no se trate de un país árabe o musulmán. Esto desmonta la narrativa de que el conflicto tiene un trasfondo étnico o religioso. No es un enfrentamiento entre pueblos, sino entre sistemas: entre el colonialismo y quienes luchan por liberarse de él.

En esta trinchera no se pregunta por la identidad ni por la sangre, sino por la posición moral: ¿estás del lado de la libertad y la igualdad, o del lado de la opresión y el privilegio? La solidaridad con el pueblo palestino no nace de la genética, ni del origen étnico, sino de un compromiso ético con la justicia.

La escritora Irene Vallejo recordaba que, en la antigua Grecia, ser griego dejó de ser un asunto de nacimiento o linaje para convertirse en una elección cultural: era griego quien amaba los poemas de Homero. Hoy ocurre algo similar con Palestina: ser palestino no es únicamente una cuestión de nacionalidad, es también una postura moral, una forma de defender la dignidad humana frente a la Ocupación y la injusticia.

Desde esta perspectiva, se entiende por qué la sociedad civil ha respondido de manera tan masiva en apoyo al pueblo palestino, a través de manifestaciones, concentraciones y gestos de solidaridad. La respuesta no es solo política, sino profundamente ética.

Encuentro una clave en un pequeño diálogo de *La corte de los milagros*, de Valle-Inclán. Allí, alguien le pregunta al protagonista:

> —¿Y tú, por qué eres revolucionario?
> Y él responde:
> —Soy revolucionario por decoro.

Entre los varios significados de «decoro», está la decencia. Y hoy, frente a tanta indecencia mostrada por gran parte de la élite política con su tibia o cínica posición, la inmensa mayoría de la sociedad eligió ser palestina por decencia.

LAS SOLUCIONES AL CONFLICTO: ENTRE LA EVASIÓN Y LA DESCOLONIZACIÓN

A lo largo de las décadas, cada intento serio por resolver el conflicto en Palestina ha fracasado antes siquiera de consolidarse. Más que una sucesión de esfuerzos malogrados, lo que emerge es una estrategia deliberada de estancamiento, particularmente por parte del Estado de Israel. La ocupación y la expansión colonial no son accidentes ni respuestas coyunturales, sino parte constitutiva de un proyecto de largo plazo que ha aprendido a sostenerse en la perpetuación del conflicto. La falta de una solución no es una anomalía del sistema; es el sistema.

El intelectual palestino Azmi Bishara ha resumido con lucidez esta dinámica en una fórmula tan simple como reveladora: la parte A (Israel) ataca a la parte B (Palestina); la parte C (la comunidad internacional) interviene y propone una solución. Entonces, la parte A responde: «Muy bien, lo que acabo de obtener puede ser considerado territorio en disputa; negociemos». La parte B se niega, pues considera ilegítimo discutir sobre lo que ha sido usurpado por la fuerza. Como respuesta, la parte A acusa a la parte B de oponerse al diálogo y de rechazar la paz. Así se invierte la lógica de la agresión: el agresor aparece como interlocutor racional y la víctima como obstáculo al entendimiento.

Esta ha sido, en gran medida, la narrativa dominante que ha definido el conflicto. Cada nueva ronda de violencia termina consolidando nuevas realidades sobre el terreno, mientras la posibilidad de una solución justa se vuelve cada vez más lejana. Resulta irónico —y profundamente inquietante— que este sea el conflicto con más resoluciones de Naciones Unidas y el mayor volumen de inversión internacional en iniciativas de paz. Lo que en otros contextos sería motivo de esperanza, aquí obliga a una pregunta incómoda: ¿por qué tanto esfuerzo ha producido tan escasos resultados?

Quizás la clave esté en una antigua máxima judía: «Debes buscar la llave donde la perdiste, no donde hay una farola y resulta más cómodo buscarla». Durante décadas, los intentos de solución se han desarrollado bajo esa farola: han iluminado donde es políticamente más conveniente mirar, pero no donde reside el núcleo del problema. Han evitado nombrar lo innombrable: el colonialismo.

La experiencia palestina no es aislada. Otros pueblos indígenas también han sido despojados de su narrativa, sustituidos por la versión del colonizador. Sin embargo, el caso palestino presenta características particulares que hacen aún más complejo su abordaje. El colonialismo sionista es un caso atípico: no se trata de un episodio concluido del pasado, sino de un proceso activo, inacabado, que sigue expandiéndose sobre el territorio palestino. No persigue principalmente los recursos o la explotación de la población local, como lo hicieron los colonialismos clásicos. Su objetivo es la tierra

Este rasgo lo sitúa dentro de la lógica del colonialismo de asentamiento, una forma de dominación que se distingue del colonialismo de ocupación por su objetivo último: no la integración ni la explotación de la población nativa, sino su reemplazo. Lorenzo Veracini ha señalado esta diferencia fundamental mediante la contraposición de dos órdenes paradigmáticas dirigidas a los pueblos originarios: en el colonialismo clásico, el mandato es «tú, trabaja para mí»; en cambio, en el colonialismo de asentamiento, el mandato es «tú, lárgate de aquí». El primero se basa en una lógica de explotación; el segundo, en una lógica de eliminación, que busca despojar, expulsar y sustituir a la población autóctona.

Desde esta perspectiva, los palestinos no son simplemente dominados o subyugados: son considerados prescindibles. De ahí la persistencia de narrativas como la de «hacer florecer el desierto», que idealiza la transformación del territorio mientras oculta —o legitima— el borrado sistemático de la historia, la cultura y, en última instancia, la existencia misma de un pueblo.

A este componente estructural se suman factores ideológicos. El proyecto sionista es un colonialismo tardío. Su puesta en marcha ocurre en un contexto histórico en que los grandes imperios coloniales comenzaban a replegarse o a adaptarse a nuevas formas de dominación. Como señala Karl Kautsky, las colonias de exclusión solían establecerse en territorios de baja densidad poblacional, donde la sustitución demográfica era factible. Palestina, sin embargo, era todo lo contrario: una sociedad agrícola en proceso de modernización, habitada por campesinos y pequeños propietarios. En 1914, la densidad demográfica de Palestina era de aproximadamente cuarenta y ocho habitantes por kilómetro cuadrado. En la actualidad, países como Australia, Namibia o Canadá apenas alcanzan densidades de 3 a 5 habitantes por kilómetro cuadrado, y aun así no se consideran territorios propicios para un colonialismo de asentamiento. Es decir, Palestina no era una tierra vacía y, por lo tanto, no podía ser colonizada sin recurrir a formas de violencia estructural.

Frente a esta realidad, los caminos propuestos para resolver el conflicto han ignorado lo esencial. La primera gran propuesta fue la partición del territorio. En vez de iniciar un proceso de descolonización, se planteó una división forzada entre el pueblo nativo y el movimiento colonizador. Pero no existe en la historia un solo caso en que una población indígena haya aceptado voluntariamente dividir su tierra con quienes han venido a expulsarla. Ni ha sido nunca ese el modo legítimo de resolver un proceso colonial. Pretenderlo es desconocer tanto la historia como los principios de justicia.

Una solución duradera y justa solo puede partir del reconocimiento de que estamos frente a un régimen de colonialismo de asentamiento. Y, como tal, solo puede resolverse mediante un proceso de descolonización. Eso implica justicia histórica, derecho al retorno, igualdad de derechos, y el desmantelamiento de todas las estructuras de opresión. Lo demás son parches que perpetúan el sufrimiento.

La claridad sobre el objetivo es imprescindible. Como recuerda la escena de *Alicia en el país de las maravillas*, cuando Alicia le pregunta al gato qué camino debe tomar, este responde: «Eso depende del lugar al que quieras llegar». Sin saber a dónde se quiere llegar, ningún camino será el correcto. Si el objetivo no es una solución justa, sino una salida cómoda para el colonizador, entonces no habrá verdadera resolución posible.

Lo urgente, por tanto, no es seguir acumulando iniciativas diplomáticas, sino atrevernos a encender la luz donde realmente se perdió la llave: en la raíz colonial del conflicto.

OSLO: LA PAZ COMO TRAMPA

Más de tres décadas después de la firma de los Acuerdos de Oslo, sus resultados son tan claros como desalentadores: lejos de acercar la paz, el proceso consolidó una realidad colonial bajo el disfraz de una negociación. Diseñados bajo el patrocinio de la fundación noruega Fafo, Oslo nació como un ejercicio diplomático profundamente asimétrico. En él, la parte fuerte —Israel— impuso sus condiciones, mientras la parte débil —Palestina— fue persuadida de aceptarlas como logros históricos.

Además de no asumir sus responsabilidades como potencia ocupante, Israel ha logrado externalizarlas de manera eficaz. Delegó en la Autoridad Palestina el control civil sobre ciertas zonas urbanas de la Cisjordania ocupada, mientras conservó intacto su dominio militar, económico y territorial. Esta delegación parcial creó una ilusión de autogobierno, sin alterar las estructuras fundamentales de la ocupación.

Particularmente revelador es el caso de la llamada Zona C, que constituye aproximadamente el 60% del territorio de Cisjordania. En esta zona se concentran los principales recursos naturales del territorio palestino: acuíferos subterráneos, yacimientos de gas, canteras de mármol, minas de minerales y depósitos del Mar Muerto. Según estimaciones internacionales, esta área genera ingresos anuales por más de 3 mil millones de dólares, lo que equivale a una cuarta parte del producto interno bruto palestino. Sin embargo, el acceso de la población palestina a estos recursos es prácticamente nulo, debido al férreo control israelí y a un entramado legal y administrativo que impide su aprovechamiento.

Oslo supuso, de hecho, la sustitución tácita de las resoluciones de Naciones Unidas por un marco bilateral de negociación cuidadosamente diseñado para preservar el *statu quo*. Se trató menos de una transición hacia la paz que de una redistribución geoestratégica del territorio, guiada por criterios demográficos y económicos. La verdadera intención israelí no fue resolver el conflicto, sino reconfigurar la ocupación en términos funcionales: minimizar su coste político y humano mientras se maximiza el control sobre la tierra.

Israel logró así una sofisticada forma de subcontratación del conflicto. La Autoridad Palestina, en vez de representar un primer paso hacia la soberanía, fue convertida en una estructura administrativa subordinada, responsable de la gestión cotidiana —incluida la seguridad— bajo un marco de ocupación permanente. No es casual que los gastos en fuerzas de seguridad palestinas superen ampliamente a los destinados a salud, educación o desarrollo agrícola. La dependencia económica y política se volvió estructural, limitando cualquier posibilidad de autodeterminación real.

El liderazgo palestino cometió un error estratégico fundamental: interpretó los Acuerdos de Oslo como un camino hacia la independencia, cuando en realidad se trataba de un sofisticado diseño político destinado a encubrir y reconfigurar la Ocupación. La retirada de las tropas israelíes de las zonas urbanas densamente pobladas no implicó en modo alguno una desmilitarización, sino más bien una operación de camuflaje. El soldado desapareció de las calles, pero no del sistema de control.

Este nuevo tipo de Ocupación apeló a una lógica que recuerda la idea marxista de que el trabajador no forma parte del proletariado si no adquiere conciencia de clase. Del mismo modo, el palestino que ya no ve soldados en su entorno inmediato podría dejar de percibirse como un pueblo ocupado. Sin embargo, el dominio israelí se mantuvo intacto desde los márgenes: mediante bloqueos territoriales, puestos de control *(checkpoints)*, control del espacio aéreo, del registro civil, del suministro de agua y del acceso a recursos estratégicos.

Con el tiempo, esta estrategia sofisticada dio paso a una fase más descarnada. El actual gobierno israelí ya no se esfuerza en disimular; ha vuelto a una ocupación explícita, directa, en la que la opresión se ejerce sin el velo del «proceso de paz». La táctica del camuflaje se basaba en una concepción reduccionista de la Ocupación, que la limitaba a la mera presencia física de soldados. Al desplazarla hacia mecanismos administrativos, jurídicos y económicos —más difíciles de identificar, pero no menos coercitivos— Israel consiguió una Ocupación menos visible, aunque igualmente asfixiante.

La ilusión de autogobierno, construida en torno a las estructuras de la Autoridad Palestina, terminó funcionando como un componente más de la arquitectura del control. Oslo no fue el principio del fin de la Ocupación, sino el inicio de su reformulación bajo nuevas formas, más sutiles pero no menos efectivas.

Lejos de buscar una solución política real, Oslo trasladó el conflicto al terreno económico. Surgieron entonces teorías como la «paz económica» o la «paz democrática», según las cuales basta con introducir libre mercado y formalidades institucionales para garantizar estabilidad. Incluso se esgrimió la insólita «teoría de la guerra de McDonald's», según la cual dos países con franquicias de esa cadena no entrarían en conflicto bélico. Esta narrativa liberal presupone una igualdad que no existe. En Palestina no hay Estado soberano, ni marco jurídico autónomo, ni condiciones mínimas de libertad para construir una democracia.

Pretender exigir democracia a un pueblo aún colonizado es una contradicción de fondo. No se puede construir un sistema democrático sin antes garantizar libertad, dignidad e independencia. La descolonización es el prerrequisito para cualquier proyecto democrático genuino. La subordinación estructural y el control externo vacían de contenido toda posible institucionalidad local.

Este vaciamiento se agudizó durante la presidencia de Donald Trump, quien transformó la política internacional en un gran negocio inmobiliario. Su propuesta para Gaza —una «Riviera» del Medio Oriente— revela la lógica mercantilista que guía su visión del conflicto. No hay espacio para la ética ni la justicia: solo intereses económicos y supremacismo geopolítico. Trump no ve a los palestinos como un pueblo con derechos, sino como un obstáculo para un desarrollo inmobiliario de lujo.

La lectura de su personalidad revela paralelismos con la figura mitológica de Hermes, dios del comercio… y de los ladrones. Trump encarna esa dualidad: negociante astuto que reduce toda relación —incluso política— a una transacción. Su lógica es binaria: «¿Me sirve o no me sirve? ¿Lo compro o no lo compro?» Esta mentalidad mercantilista ha contaminado el discurso político, degradando el diálogo democrático hasta convertirlo en simple consumo.

Durante su mandato, esta lógica tuvo consecuencias concretas. Retiró la financiación de Estados Unidos a la UNRWA, ignorando que no se trata de una ONG, sino de una agencia de la ONU vinculada a la Resolución 194, que garantiza el derecho al retorno de los refugiados palestinos. Luego trasladó la embajada estadounidense a Jerusalén, reconociéndola como capital israelí, y finalmente legitimó los asentamientos ilegales, rompiendo con décadas de política exterior estadounidense.

Los Acuerdos de Abraham, firmados bajo su Administración, consolidaron esta visión. Su redacción exhibe un lenguaje colonial que utiliza la Torá como justificación política, como si fuera un cuerpo jurídico internacional. Como advierte Azmi Bishara, si los textos de la Torá se usaran literalmente en la política contemporánea, incluso el genocidio podría legitimarse como mandato divino. La instrumentalización religiosa de la política solo puede conducir al fanatismo y a la exclusión violenta del otro.

Es indiscutible que no estamos presenciando el fin del conflicto en Palestina, sino el inicio de una nueva fase dentro de este prolongado y sangriento proceso colonial que se extiende por más de 120 años. Los resultados de la Conferencia de Sharm el-Sheikh —o, mejor dicho, su farsa— demostraron que lo ocurrido no representó un verdadero cese de la guerra, la expansión y la hegemonía, sino una reorganización de sus herramientas y objetivos.

Por esta razón, preocupa profundamente que los objetivos reales de este genocidio se estén materializando precisamente en esta etapa de aparente cese al fuego. Mañana, cuando el pueblo palestino intente regresar a su hogar, encontrará solo escombros: sus casas destruidas, los hospitales reducidos a ruinas, sin escuelas para sus hijos, con una alimentación insuficiente y la infraestructura necesaria para la vida desmantelada deliberadamente por el Estado israelí.

La recolección de los más de 55 millones de toneladas de escombros requerirá décadas, y la reconstrucción —ya condicionada políticamente— será un proceso lento y controlado. Ante esta realidad insoportable, muchos palestinos se verán obligados a buscar una salida. Será entonces cuando se hable, de manera falsa y manipuladora, de un «traslado voluntario».

Este proyecto no es otra cosa que una limpieza étnica. Lo que no pudieron culminar con las bombas —la expulsión sistemática, la destrucción de hogares y la aniquilación de tejidos sociales— pretenden ahora consumarlo bajo la apariencia de un «plan de paz». Esa retórica conciliadora encubre la imposición de condiciones que impiden la reconstrucción auténtica, condicionan el retorno y normalizan el desplazamiento permanente. La fragmentación del espacio vital, la privatización de recursos y el control político sobre la reconstrucción son herramientas con las que se busca transformar una derrota militar o política en un cambio demográfico irreversible. Hablar de paz mientras se consolida la desposesión es un doble discurso que exige ser denunciado con argumentos jurídicos, históricos y humanitarios.

En definitiva, ni el proceso de Oslo condujo a la paz, ni tampoco este plan de Trump nos conduce a ella, sino a una trampa. Una trampa diseñada para simular avances mientras se profundiza la colonización y se completa la limpieza étnica en Gaza. La verdadera solución no puede surgir de acuerdos desiguales, sino de un proceso de descolonización que reconozca la historia, los derechos y la dignidad del pueblo palestino.

ESPERANDO A GODOT EN PALESTINA

Los Acuerdos de Oslo fueron presentados al mundo como el amanecer de una nueva era: el primer paso hacia una paz justa entre israelíes y palestinos. Sin embargo, con el paso del tiempo, Oslo ha demostrado ser menos una vía de solución que una trampa histórica cuidadosamente diseñada. Lejos de poner fin a la Ocupación, la legitimó bajo una fachada de diplomacia estéril y promesas incumplidas. Hoy, más que nunca, cualquier intento serio de resolver el conflicto debe partir de principios irrenunciables:

el respeto al derecho internacional, la justicia y la igualdad. Sin estos pilares fundamentales, la «paz» no es más que una palabra vacía, una coartada retórica que perpetúa la dominación y el *statu quo*.

La creciente convicción —cada vez más extendida en los círculos diplomáticos y académicos— de que la solución diplomática tradicional, basada en la creación de dos Estados, está muerta o simplemente resulta inviable, ha abierto paso a un nuevo debate: la posibilidad de un Estado binacional.

Pero este giro de enfoque plantea interrogantes profundos. La pregunta, tan lógica como inquietante, surge con contundencia: si a los judíos israelíes ya les resultaba difícil convivir con una minoría palestina inferior al 20%, ¿cómo podrían entonces compartir un Estado con una población palestina que alcanzaría el 50%?

Shaul Arieli, miembro destacado de la organización Comandantes por la Paz y la Seguridad, ha advertido con claridad: la creación de un único Estado, sin una solución justa y consensuada, conduciría inevitablemente a una guerra civil perpetua o al establecimiento de un régimen de *apartheid*. No es una amenaza vaga ni una exageración alarmista; es una advertencia basada en la historia, y la naturaleza del proyecto sionista

La esperanza palestina —y, por extensión, la del mundo árabe— en una solución justa al conflicto se asemeja cada vez más al drama existencial de *Esperando a Godot*, la célebre obra de Samuel

Beckett. Sus protagonistas, Vladimiro y Estragón, pasan los días esperando a un tal Godot, del que no saben casi nada: ni quién es, ni cuándo llegará, ni qué traerá consigo. Y sin embargo, esperan. Noche tras noche, atrapados en un ciclo de ilusión y desengaño, repiten los mismos gestos, las mismas palabras, sin avanzar un solo paso.

La diplomacia estadounidense ha sido encumbrada en este escenario como ese Godot de la paz: una promesa siempre inminente, una solución siempre a punto de materializarse, pero que jamás se concreta. Décadas de negociaciones, cumbres internacionales, hojas de ruta y discursos han producido, no una justicia restaurativa, sino la consolidación de una ocupación militar y colonial sobre el terreno. Mientras se hablaba de «proceso de paz», el número de colonos israelíes en Cisjordania se triplicaba, superando hoy los 750.000. Mientras se negociaba, se construían muros, se intensificaban los bloqueos y se multiplicaban las violaciones sistemáticas de los derechos humanos.

A esta altura, conviene asumir lo que la experiencia ha demostrado una y otra vez: Godot no va a llegar. O peor aún: si llega, probablemente no será lo que se esperaba. La «solución» norteamericana al conflicto, basada en un desequilibrio estructural de poder y en la imposición unilateral de condiciones, no traerá una paz real, sino una sofisticada perpetuación del *statu quo*, envuelta en retórica diplomática.

La esperanza no puede residir en una espera pasiva ni en una fe ciega en mediadores que nunca han sido imparciales. La única alternativa viable radica en la acción: en la construcción de un marco político basado en el respeto al derecho internacional, en la legitimidad de las voces populares y en una lucha persistente por la justicia. Se trata de abandonar la espera como estrategia y asumir la resistencia como proyecto.

Samuel Beckett escribió *Esperando a Godot* como una alegoría de la condición humana, atrapada en el sinsentido. En Palestina, ese sinsentido se ha convertido en tragedia política. Y mientras los pueblos esperan a un salvador que no llega, el tiempo —como en la obra— se disuelve en una repetición interminable de días vacíos. Romper ese ciclo es el único camino hacia una paz verdadera.

EL DISCURSO POLÍTICO

Mucho se habla hoy de la importancia de «ganar el relato» en el marco de un conflicto. No es una frase menor. Las palabras no son meros instrumentos de comunicación: tienen el poder de modelar el ánimo colectivo, moldear la percepción pública y modificar la moral social. En tiempos convulsos, el lenguaje no solo transmite: también configura la realidad.

Una viñeta del dibujante El Roto resume esta idea con una lucidez inquietante: «Lo importante no es lo que sucede, sino quién define lo sucedido». Esta afirmación encierra una verdad incómoda y profundamente contemporánea: en tiempos de conflicto, más determinante que los hechos es el control de su interpretación. Quien domina el relato no solo tiene el poder de narrar, sino también de legitimar o condenar, de visibilizar o silenciar el sufrimiento ajeno, de moldear la memoria colectiva.

Se cuenta que Elias Canetti, revisando un viejo cajón de notas, encontró un escrito de juventud en el que había anotado: «Si yo fuera un buen escritor, detendría esta guerra». Al leerlo años después, se sintió perplejo ante la arrogancia de aquel joven que fue, y pensó: ¿cómo podía haber creído que unas palabras detendrían una guerra mundial? Sin embargo, tras una reflexión más serena, reconoció que aquella presunción encerraba una intuición valiosa: si hay palabras capaces de encender una guerra, ¿por qué otras no podrían detenerla?

Ese impulso —el del intelectual comprometido con el poder de la palabra para resistir la barbarie— contrasta dramáticamente con el de quienes, desde su tribuna cultural, han aplaudido o incluso legitimado el horror. Es célebre el caso del Manifiesto de los Noventa y Tres, firmado por destacados intelectuales alemanes durante la Primera Guerra Mundial, en el que proclamaban: «Creed que llevaremos esta guerra hasta el final como una nación civilizada». El daño que puede causar la cultura cuando se pone al servicio de la maquinaria bélica —cuando legitima la violencia bajo ropajes de patriotismo o grandeza nacional— es inmenso. Como advirtió Manuel Rivas, «es enorme el daño que causa la cultura cuando se pone a manejar maquinaria pesada».

Por eso, la lucidez crítica y la ética del lenguaje no son adornos del pensamiento, sino formas de resistencia. Frente a los discursos que encienden el odio o anestesian la conciencia, debe alzarse la palabra que desnuda, que cuestiona, que protege. Nombrar el horror sin eufemismos, incomodar cuando otros callan, resistir la manipulación: ese es el verdadero compromiso de quien escribe.

La capacidad para desarticular un discurso falaz, para desactivar la retórica tóxica, no es un privilegio menor: es un patrimonio y una responsabilidad. Las palabras pueden ser armas, pero también pueden ser refugios. Tienen la capacidad de herir, pero también de curar.

Claude Lévi-Strauss recordaba que el lenguaje no solo describe el mundo: lo constituye. No es un vehículo pasivo de ideas; es el molde que da forma a la realidad. A través del lenguaje asignamos valor, legitimamos acciones, justificamos violencias o las condenamos. Por eso, quien controla el relato no impone solo una versión de los hechos: impone una visión del mundo.

Desde este perspectiva, el conflicto no es una disputa lateral, sino el núcleo mismo del enfrentamiento. La lucha política, cultural o bélica se libra también —y a menudo principalmente— en el terreno simbólico: en la disputa por las palabras que se convierten en verdad social.

De ahí la urgencia de sostener una ética de la palabra. Porque el relato no es solo lo que se dice: es lo que se instala como verdad, lo que se repite hasta parecer natural. Las palabras no son inocentes: pueden cegar, distorsionar, incitar al odio. Y frente a ellas, es preciso activar otras palabras: las que iluminan, las que resisten, las que no permiten que se camufle el sufrimiento ni se oculte la violencia.

La historia ofrece ejemplos elocuentes del modo en que el lenguaje puede servir para maquillar el horror. Durante siglos, la trata de esclavos entre África, Europa y América se llevó a cabo en embarcaciones cuyos nombres desafiaban la conciencia: Amistad, Hermandad, Libertad. Como subraya Enzo Traverso, estos nombres contrastaban cruelmente con la realidad de los cuerpos encadenados y el dolor humano que se transportaba.

George Santayana, el filósofo hispano-norteamericano, solía recordar que América se presentaba a sí misma como la tierra de la libertad, incluso cuando su suelo estaba sembrado de esclavos. Aquella contradicción fue posible porque un relato sostenía la ilusión de libertad mientras, al mismo tiempo, legitimaba una economía cimentada en la opresión más brutal. La narrativa, en este sentido, no solo disimula la realidad: la reorganiza, la reemplaza y la convierte en mito.

Hoy no es diferente. Muchos de los discursos contemporáneos se construyen sobre tres pilares: su simpleza, su repetición y su carga emocional. Cuando estos discursos se vuelven virales, penetran el imaginario colectivo sin encontrar apenas resistencia. Y es que el cerebro humano no dispone de un mecanismo automático para distinguir entre lo cierto y lo familiar: lo repetido tiende a parecer verdadero, aunque no lo sea.

Un ejemplo particularmente ilustrativo de esta lógica es la campaña del Brexit. La estrategia del grupo Vote Leave, apoyada por datos obtenidos de forma ilícita a través de la empresa Cambridge Analytica, consistió en segmentar a la población y dirigir mensajes altamente personalizados a través de las redes sociales. Así, los amantes de los animales recibían imágenes de toreros españoles como símbolo de barbarie ajena; mientras que los aficionados al té eran confrontados con una imagen simbólica: una mano abierta, decorada con la bandera de la Unión Europea, extendiéndose para arrebatar una taza de té británico, acompañada por el eslogan: *La Unión Europea quiere aniquilar nuestro té.* No era necesario que el mensaje fuera cierto, solo que fuera emocionalmente efectivo y repetido lo suficiente.

Por eso, defender una ética del lenguaje no es un gesto retórico ni un lujo intelectual: es una forma de resistencia. En tiempos de guerra —ya sea con armas o con palabras—, cuidar el lenguaje es cuidar la realidad misma. La batalla no es solo por los hechos, sino por los marcos que los contienen, por las palabras que los nombran y por los sentidos que habilitan o clausuran. En esa disputa, el lenguaje es tanto campo de batalla como herramienta de emancipación.

LA ÉTICA DE LA PALABRA Y LA DEMOCRACIA COMO COARTADA: NARRATIVAS DE PODER Y COLONIALISMO

Uno de los ejemplos más elocuentes de manipulación discursiva lo he escuchado desde que tengo uso de razón. Cada vez que el Estado de Israel comete una atrocidad, se repite —casi como un mantra— que «está ejerciendo su derecho a la defensa». Esta frase, profundamente instalada en el lenguaje político y mediático, ha sido tan reiterada que se ha naturalizado hasta volverse incuestionable. Pero lo cierto es que se basa en una distorsión deliberada del concepto de defensa dentro del marco del derecho internacional.

Ningún Estado que ocupa, coloniza o controla por la fuerza el territorio de otro pueblo puede alegar que actúa en legítima defensa cuando reprime o agrede a ese mismo pueblo. El derecho a la defensa cesa en el momento en que se cruza una frontera para imponer una ocupación. En ese contexto, el derecho legítimo a la defensa corresponde al agredido, no al agresor; al ocupado, no al ocupante.

Así lo reconoció la Corte Internacional de Justicia en su opinión consultiva de 2004, al pronunciarse sobre el muro construido por Israel en territorio palestino. El fallo fue claro: Israel, en tanto potencia ocupante, no puede invocar el derecho a la legítima defensa frente a quienes habitan el territorio que ocupa. Esa prerrogativa no le pertenece al ocupante, sino a quienes sufren la Ocupación.

Cuando Estados, gobiernos y medios de comunicación repiten sin matices que «Israel tiene derecho a defenderse», no solo distorsionan los principios del derecho internacional, sino que también contribuyen a legitimar una colonización y Ocupación que han sido ampliamente condenadas por organismos internacionales. Se normaliza la violencia estructural bajo el amparo de una narrativa que invierte responsabilidades y borra la asimetría fundamental entre el poder del ocupante y la indefensión del ocupado.

A esta narrativa se suma otra construcción discursiva significativa: la denominación del Ejército de Defensa de Israel. El nombre, cuidadosamente elegido, sugiere que se trata de una fuerza militar exclusivamente defensiva, distinta de los ejércitos convencionales que podrían tener fines ofensivos o expansionistas. Este encuadre semántico no es ingenuo: establece de antemano una interpretación favorable, según la cual cualquier acción emprendida por este ejército se percibe como una respuesta, nunca como una agresión.

Sin embargo, los hechos contradicen este marco. Israel posee uno de los ejércitos más tecnológicamente avanzados y ofensivos de la región. A lo largo de las últimas décadas, ha iniciado numerosas operaciones militares con carácter preventivo o abiertamente ofensivo. La narrativa de la defensa, en este contexto, actúa menos como una descripción objetiva de los hechos y más como una coartada discursiva que los legitima.

Esta degradación del lenguaje se combina con otro argumento igualmente problemático: el de la democracia como justificación. Ante cualquier crítica, se responde que Israel es un Estado democrático, como si esa condición bastara para legitimar cualquier acto, incluso los más violentos. La democracia, así convertida en escudo moral absoluto, opera como una carta blanca que exonera a quien la invoca.

Esta lógica construye una falacia peligrosa: que la Ocupación es admisible porque el ocupado «no es democrático». Se asocia la democracia no solo a un sistema de gobierno, sino a una especie de religión secular, moralmente superior, que no solo tiene el derecho, sino incluso la misión de imponerse por la fuerza. Se nos dice, implícitamente, que se somete para redimir, que se domina para civilizar, que se ocupa para modernizar.

Pero lo que se impone no es democracia, sino una versión instrumentalizada de ella, despojada de su esencia participativa y pluralista. Como ha escrito Manuel Rivas, «la supremacía moral de la democracia radica en la capacidad para resolver los conflictos contando cabezas, no rompiéndolas». La ocupación y la violencia no representan una expansión de la democracia, sino su negación. Cuando se utiliza el ideal democrático para justificar la dominación, lo que queda no es democracia, sino una máscara que la suplanta.

La verdadera democracia no se exporta como mercancía ni se impone por la fuerza de las armas; se construye desde abajo, en el ejercicio cotidiano del disentir, del deliberar, del convivir. Su esencia no radica en las instituciones formales, sino en la posibilidad real de participación, en el respeto a la diversidad y en la gestión no violenta de los desacuerdos.

Sin embargo, en muchos contextos contemporáneos, la democracia ha sido vaciada de esa potencia transformadora para convertirse en un instrumento de colonización simbólica y material. En lugar de promover la libertad, se invoca para justificar la opresión. Se invierte así la lógica original de los derechos humanos: se protege al Estado que domina y se criminaliza al pueblo que resiste.

Una vez más, la democracia se convierte en el nuevo rostro del colonialismo. Funciona como una coartada moral para ciertos Estados, como si el hecho de autodefinirse democráticos les otorgara automáticamente una superioridad ética incuestionable. Pero lo que un Estado democrático hace contra otro pueblo no se vuelve legítimo por el solo hecho de su sistema político. La democracia, por sí sola, no purifica las acciones injustas.

La historia occidental ofrece ejemplos elocuentes de esta contradicción. El colonialismo —pecado fundacional de las potencias europeas— provocó siglos de saqueo, exterminio y explotación. Y lo más revelador es que muchos de esos crímenes fueron perpetrados por regímenes que se consideraban a sí mismos democráticos. El haberlo hecho bajo gobiernos representativos no borra ni justifica ese pasado; al contrario, lo agrava, al evidenciar la disociación entre el ideal democrático y su aplicación selectiva y excluyente.

El sociólogo británico Michael Mann, en su libro *El lado oscuro de la democracia*[1], propuso un concepto esclarecedor: la «democracia de los colonos». Según su análisis, una característica clave de estos regímenes fue su inclinación a ejercer violencia sistemática contra otras etnias, especialmente contra los pueblos originarios de los territorios colonizados. Su tesis es provocadora pero contundente: en ciertos casos, la democratización y la limpieza étnica no fueron procesos contradictorios, sino paralelos. La democracia, en esos escenarios, sirvió como marco interno para la inclusión de unos y la exclusión violenta de otros.

1. Valencia: Universitat de València, 2009.

Este patrón se repite —con sus propias particularidades— en el caso de Israel, cuya imagen internacional como «la única democracia en Medio Oriente» ha sido sostenida mediante una narrativa cuidadosamente diseñada. Sin embargo, la reiteración de esa afirmación no la convierte en verdad.

En la práctica, dentro del Estado de Israel coexisten dos sistemas jurídicos y políticos profundamente diferenciados: uno de carácter civil y democrático, reservado para la población judía, y otro de naturaleza militar, impuesto sobre la población palestina en los territorios ocupados. Mientras unos disfrutan de plenos derechos ciudadanos, otros viven bajo un régimen de excepción, sin garantías legales básicas, expuestos a desalojos forzosos, detenciones arbitrarias y violencia institucionalizada.

Este sistema de doble régimen recuerda inevitablemente al *apartheid* sudafricano, donde la minoría blanca se beneficiaba de derechos que eran sistemáticamente negados a la mayoría negra. De modo similar, ser judío en Israel implica el acceso a privilegios, beneficios y protecciones legales que son negados a los ciudadanos no judíos —particularmente a los palestinos, tanto dentro de las fronteras de 1948 como en los territorios ocupados desde 1967—.

El modelo israelí, entonces, no encarna una democracia plena, sino una democracia étnica: un régimen donde el acceso a derechos fundamentales está condicionado por la pertenencia a un grupo específico. Esta forma de organizar el Estado no solo contradice los principios universales de igualdad y justicia, sino que además se presenta ante el mundo con un relato legitimador que oculta la exclusión detrás del prestigio de la palabra «democracia».

Cuando se instrumentaliza así, el concepto de democracia pierde su valor emancipador y se convierte en una herramienta de legitimación del poder. Se repite, se exporta, se impone... pero rara vez se vive desde la pluralidad real de voces. En esa repetición acrítica, se borran los conflictos, se silencia la resistencia y se perpetúa la opresión.

La paradoja democrática, en suma, revela una grieta profunda entre el discurso y la práctica. Si la democracia ha de tener algún valor auténtico, debe recuperar su verdadero sentido: no como coartada del poder, sino como espacio común para la disputa, la igualdad y la dignidad. Cualquier intento de imponerla por la fuerza o de convertirla en patrimonio exclusivo de unos pocos no solo la desvirtúa, sino que la convierte en su opuesto: una forma de colonialismo con ropaje moral.

IGUALDAD, DEMOCRACIA Y LA TRAMPA DEL EXCEPCIONALISMO

Comparto el sueño expresado por el historiador israelí Shlomo Sand, quien afirmó: «Desearía que el palestino en Palestina fuera tratado como el judío en Francia o España». Una aspiración que, en apariencia, es elemental: garantizar la igualdad de derechos para todos, sin distinción de origen étnico o religioso. Sin embargo, en el contexto del Estado de Israel, esta demanda básica —que en cualquier democracia moderna sería considerada un principio innegociable— es percibida por los sectores sionistas más fervientes como una amenaza existencial al carácter judío del Estado. En esa lógica, plantear la igualdad entre ciudadanos judíos y palestinos no se considera un acto de justicia, sino un atentado contra la identidad nacional, y por tanto, una forma encubierta de antisemitismo.

Shlomo Sand no suaviza su diagnóstico sobre la sociedad israelí contemporánea. En una entrevista afirmó sin rodeos:

> Sé que vivo en una de las sociedades más racistas del mundo. Hay racismo en todo el mundo, desde luego, pero en Israel lo encontramos en el espíritu de las leyes, se enseña en los colegios, se difunde por los medios. Y, sobre todo —esto es lo más terrible—, los racistas no saben que lo son, y por eso no se sienten obligados a disculparse.

Sus palabras remiten inevitablemente a una amarga observación de Margaret Bourke-White tras la Segunda Guerra Mundial:

> Todavía no he conocido a ningún alemán que admita que fue nazi. Según esa lógica, los nazis debieron ser una raza desconocida de esquimales que un día invadieron Alemania.

Ambas declaraciones apuntan al mismo núcleo oscuro: el mecanismo colectivo de negación.

Cuando una sociedad está inmersa en procesos estructurales de opresión o violencia, sus miembros tienden a rechazar su responsabilidad. En la Alemania de posguerra, esa negación fue una estrategia de supervivencia moral. En el Israel actual, se corre el riesgo de reproducir una forma similar de ceguera colectiva. Tal vez, algún día, muchos israelíes se sorprendan al descubrir que el racismo estructural en el que vivieron y al que quizás contribuyeron no fue una anomalía externa, sino parte constitutiva de su propia sociedad.

No se trata aquí de actitudes aisladas o prejuicios individuales. El racismo en Israel —como en otras sociedades estructuradas por sistemas de exclusión— es institucional. Se reproduce desde la educación, se codifica en las leyes y se legitima en los discursos públicos. Su invisibilidad no es prueba de su ausencia, sino de su normalización. Y cuando la injusticia se normaliza, la posibilidad de transformación se reduce: no se combate lo que no se reconoce.

El origen del problema radica en una contradicción insalvable: un Estado no puede definirse al mismo tiempo como democrático y como exclusivo de un solo grupo étnico-religioso. En Israel, la simple demanda de igualdad entre judíos y palestinos es inmediatamente deslegitimada, considerada una amenaza ideológica. El anhelo de justicia se convierte, paradójicamente, en el enemigo. Y en esa lógica perversa, la igualdad deja de ser un principio democrático para transformarse en un acto subversivo.

El sociólogo Michael Mann lo plantea con crudeza: muchas democracias liberales se fundaron sobre limpiezas étnicas. Cuanto más se expandían los derechos para la etnia dominante, más se intensificaban los crímenes contra las demás. En sus colonias, las democracias ejercieron violencia sistemática sin que ello afectara su autoimagen de superioridad moral.

Por tanto, el daño infligido al palestino expulsado de su hogar no es menos atroz por haber sido ejecutado por un Estado que se proclama democrático. Una bomba lanzada sobre un campamento de refugiados no es menos letal por haber sido autorizada por un parlamento electo. La legitimidad de una acción no se mide por el sistema político que la respalda, sino por su humanidad —o su brutalidad—.

La justificación más común para esta segregación jurídica es la «seguridad nacional». Pero ese argumento oculta una verdad más incómoda: la existencia de un sistema legal desigual, fundado sobre criterios étnicos. Como afirmó Meir Margalit, exconcejal de Jerusalén: «No hay democracias a medias». Un Estado no puede llamarse democrático mientras mantiene un régimen militar sobre una parte de la población y reserva los derechos civiles para otra.

Dicho de otro modo: no puede haber democracia verdadera donde existen ciudadanos de primera y de segunda clase. Una democracia que distribuye derechos en función de la pertenencia étnica o religiosa no es una democracia: es un mecanismo de exclusión institucionalizada.

El historiador Amnon Raz-Krakotzkin ha señalado que el Estado de Israel se funda sobre una singular convergencia entre teología y colonialismo. Esta alianza fortalece una lógica de dominación, donde la ideología nacionalista se entrelaza con la promesa divina de posesión territorial. Así se consolida una narrativa que legitima la Ocupación y deshumaniza la resistencia.

Frente a este escenario, la demanda de igualdad no es una amenaza: es una condición indispensable para la justicia. Reconocer plenamente los derechos de todos los ciudadanos, sin distinción de origen, no debilita una democracia. Al contrario: la fortalece. Y solo cuando ese principio deje de ser una aspiración abstracta para convertirse en realidad concreta, podrá comenzarse a hablar de un Estado verdaderamente democrático.

IDENTIDAD, OCUPACIÓN Y LA RAÍZ HISTÓRICA DEL CONFLICTO

La verdadera naturaleza del Estado de Israel quedó nítidamente expuesta con la aprobación en 2018 de la controvertida Ley Básica, mediante la cual se lo definió como el «Estado-nación del pueblo judío». Esta disposición, de rango constitucional, consolidó sin ambigüedad el carácter étnico-religioso exclusivo del Estado, relegando a los ciudadanos no judíos —particularmente a los palestinos— a una ciudadanía de segunda clase. El mensaje era claro: la pertenencia plena al Estado no se define por principios universales de igualdad o ciudadanía, sino por la adscripción a una identidad étnica.

Esta arquitectura legal no surgió de la nada. Ya en 1950, la Ley del Retorno había establecido que cualquier judío en el mundo tendría derecho automático a la ciudadanía israelí. Simultáneamente, los cientos de miles de palestinos expulsados durante la Nakba en 1948 vieron negado su derecho al retorno. Quienes intentaron volver fueron etiquetados como «infiltrados» y, según diversas fuentes, más de 5 000 de ellos fueron asesinados. Mientras se garantizaba el «regreso» a personas sin vínculos directos con la tierra, se le negaba ese mismo derecho a quienes habían nacido en ella y aún conservaban las llaves de sus casas en ruinas.

La lucha del pueblo palestino ha sido, en esencia, una lucha por la autodeterminación. No se trata de un conflicto de naturaleza religiosa, como suele caricaturizarse, sino de una resistencia prolongada ante una ocupación sistemática. La historia es clara al respecto: durante más de cuatro siglos, Palestina estuvo bajo dominio otomano. Aunque ambos compartían la fe islámica, ello no impidió que surgieran movimientos de oposición. La motivación no era la religión, sino la soberanía.

Durante la Primera Guerra Mundial, los pueblos árabes se aliaron con las potencias europeas, no por afinidades culturales o religiosas, sino por las promesas —posteriormente traicionadas— de independencia y unidad. El acuerdo secreto Sykes-Picot, firmado en 1916 por Gran Bretaña y Francia, desmanteló cualquier esperanza de autonomía. Oriente Medio fue repartido como un botín colonial: Irak, Jordania y Palestina quedaron bajo control británico; Siria y Líbano, bajo administración francesa. Las promesas de libertad resultaron ser, una vez más, herramientas de manipulación imperial.

En este contexto, la lucha palestina no nace del odio, sino del deseo de justicia y libertad. Es la respuesta legítima de un pueblo colonizado que se niega a desaparecer.

EL HOLOCAUSTO COMO JUSTIFICACIÓN FUNDACIONAL

Una de las narrativas más extendidas en el imaginario internacional es aquella que vincula directamente el nacimiento del Estado de Israel con el Holocausto. Esta visión, aunque emocionalmente poderosa, es históricamente reduccionista. Al establecer una relación causal directa entre el genocidio nazi y la creación de Israel, se oscurece un proceso mucho más largo y complejo, con raíces anteriores a la Segunda Guerra Mundial.

EL SURGIMIENTO DEL SIONISMO: IDEOLOGÍA, CONTEXTO Y RESISTENCIAS

El movimiento sionista emergió a finales del siglo XIX como una respuesta al antisemitismo creciente en Europa. Su objetivo no era simplemente encontrar un refugio para los judíos perseguidos, sino fundar un Estado soberano y exclusivamente judío.

Encabezado por figuras como Theodor Herzl, el sionismo implicaba necesariamente la apropiación de un territorio. Palestina fue finalmente el lugar elegido entre otras opciones contempladas.

La elección de Palestina, y las formas en que se implementó el proyecto sionista, insertan esta ideología dentro de las lógicas coloniales de su tiempo. Contrario a la creencia popular, el sionismo no fue una reacción al Holocausto, sino una doctrina política que comenzó a tomar forma décadas antes.

En sus inicios, el sionismo no fue una propuesta hegemónica entre las comunidades judías. Como recuerda el historiador Ilan Pappé, no era sencillo convencer a judíos europeos —con arraigo, cultura y vida establecida en sus países— de emigrar a un territorio lejano, árido y con una lengua desconocida. Existían, además, otras corrientes dentro del judaísmo europeo: sectores que apostaban por la emancipación dentro de las democracias liberales o por la transformación social a través de las luchas revolucionarias. Entre los judíos ortodoxos, por su parte, el sionismo era considerado una herejía, ya que el retorno a la Tierra Prometida debía, según su visión, ser un acto de redención divina, no una empresa política.

El Primer Congreso Sionista, celebrado en Basilea en 1897, da cuenta de estos orígenes ideológicos. En aquel entonces, el nazismo aún no existía y el Holocausto no era imaginable. Durante años, el proyecto sionista fue recibido con escepticismo, cuando no con abierta oposición, incluso dentro del propio mundo judío.

Reducir el nacimiento de Israel al trauma del Holocausto no solo distorsiona la historia: actúa como blindaje ideológico para desactivar cualquier crítica al proyecto sionista. El sufrimiento del pueblo judío —real, trágico, innegable— no puede servir como legitimación para la desposesión sistemática de otro pueblo. El dolor no otorga inmunidad moral. La memoria de una víctima no autoriza la producción de nuevas víctimas.

Comprender este proceso en toda su complejidad es una condición indispensable para cualquier análisis honesto del conflicto israelí-palestino. Despolitizar el debate, desmontar los mitos fundacionales y restituir la voz histórica del pueblo palestino son pasos necesarios para avanzar hacia una solución que se base, no en la supremacía de unos sobre otros, sino en la igualdad de derechos, la justicia y la convivencia.

LA PRIMERA VÍCTIMA DE LA GUERRA: LA VERDAD

En tiempos de guerra, la verdad no desaparece: es asesinada. Como advirtiera certeramente el senador estadounidense Hiram Johnson en 1917, «la primera víctima de la guerra es la verdad». Esta máxima no ha perdido vigencia; por el contrario, se ha perfeccionado como doctrina. En los conflictos armados contemporáneos, la mentira ya no es una herramienta secundaria: es una táctica central de combate.

El 7 de octubre de 2023, durante la ofensiva militar lanzada por fuerzas palestinas, una avalancha de relatos atroces comenzó a circular por los principales medios de comunicación occidentales. Historias espeluznantes —niños decapitados, mujeres embarazadas destripadas, bebés incinerados en hornos— fueron difundidas de inmediato, sin verificación alguna. Las fuentes eran pocas, y en muchos casos, únicas: el ejército israelí. Sin embargo, la falta de pruebas no impidió que estas narrativas fueran amplificadas por periodistas y, de manera aún más alarmante, por líderes políticos como el presidente estadounidense Joe Biden. La repetición confería a estos relatos un barniz de verosimilitud, legitimando con rapidez el relato del «barbarismo palestino» frente a una supuesta reacción israelí justificada y contenida.

Semanas después, diversos medios y organismos independientes desmintieron la veracidad de muchos de estos informes iniciales. Lo que había sido presentado como testimonio directo se reveló, en numerosos casos, como propaganda de guerra. Las imágenes prometidas nunca aparecieron. Las pruebas eran inexistentes. Lo que sí quedó claro fue el objetivo: construir una narrativa emocional, impactante, que despojara al enemigo de toda humanidad. Al pintar a Hamás —y por extensión a los palestinos— como agentes del mal absoluto, se neutralizaba cualquier posibilidad de comprensión histórica o análisis político. Se imponía el relato binario del bien contra el mal.

Un episodio emblemático de esta estrategia fue el bombardeo al Hospital Bautista Al-Ahli, en

Gaza, el 17 de octubre de 2023. La explosión, que dejó unos 400 muertos y centenares de heridos, fue atribuida de inmediato por Israel a un supuesto cohete fallido lanzado por la Yihad Islámica Palestina. Esta versión fue respaldada casi instantáneamente por gobiernos como el de Estados Unidos, Reino Unido y Alemania, sin exigencia alguna de pruebas. Sin embargo, investigaciones posteriores realizadas por organizaciones de derechos humanos, medios internacionales y expertos en armamento revelaron la ausencia de evidencia concluyente que sustentara la narrativa israelí. Por el contrario, múltiples indicios apuntaban a una responsabilidad directa del ejército israelí en el ataque.

Este patrón de manipulación no solo se repitió: se intensificó. En los meses siguientes, más de 90 hospitales fueron parcial o totalmente destruidos por bombardeos israelíes. La reiteración de estos ataques sobre instalaciones médicas, protegidas por el derecho internacional humanitario, sugiere la existencia de una política deliberada de castigo colectivo. Lejos de tratarse de daños colaterales, estamos ante la sistematización del sufrimiento civil como instrumento bélico, amparado por un discurso oficial que desdibuja los hechos y oculta las responsabilidades.

Esta estrategia no es novedosa. Remite a mecanismos históricos en los que la mentira ha sido esencial para legitimar la violencia. Durante la Guerra Civil Española, el bombardeo de Guernica fue atribuido por la propaganda franquista a los propios republicanos, en un intento de diluir su responsabilidad en la masacre ejecutada por la aviación nazi. La operación no solo buscaba exculpar al agresor, sino también construir una verdad alternativa que convirtiera a las víctimas en culpables.

La historia de Europa está marcada por episodios similares. En los pogromos que asolaron Europa del Este durante siglos, las matanzas de comunidades judías eran precedidas por rumores absurdos y siniestros: se los acusaba de secuestrar niños cristianos para realizar rituales de sangre. Estas leyendas infundadas sirvieron para justificar la violencia, al transformar a las víctimas en monstruos. La propaganda, en estos casos, fue la antesala del crimen.

Hoy, las tecnologías han cambiado, pero la lógica es la misma. Las redes sociales, los titulares sensacionalistas y las declaraciones oficiales se convierten en canales veloces para la difusión de mentiras funcionales. Se fabrica indignación selectiva, se demoniza al adversario, se niega la humanidad del otro. Y cuando finalmente se revela la falsedad, el daño ya está hecho: la opinión pública ha sido condicionada, las bombas han caído, las víctimas han muerto.

¿HASTA CUÁNDO HABLARÁN DE GAZA COMO VÍCTIMA, PERO SIN NOMBRAR AL AGRESOR?

Sí, es un genocidio. Sí, Gaza está siendo sometida a un asedio brutal, sostenido, metódico. Decenas de miles de civiles muertos, entre ellos miles de niños. Familias enteras sepultadas bajo los escombros.

Hospitales arrasados, periodistas silenciados, cuerpos fragmentados por bombas de alta precisión. Todo esto es cierto. Y, sin embargo, en muchos rincones del mundo, la reacción parece limitarse a una empatía cautelosa, fragmentaria, casi estética.

Se multiplican los minutos de silencio. Se redactan comunicados cuidadosamente calculados: «Lamentamos las pérdidas humanas», «Condenamos toda forma de violencia», «Nos solidarizamos con las víctimas». Pero en esos gestos —que se quieren humanitarios— hay una omisión devastadora: ¿dónde está el nombre del agresor? ¿Dónde el señalamiento del ejecutor? ¿Quién es el responsable de estas masacres? Silencio.

Ese silencio no es neutral. Es una estrategia. Es el modo en que se domestica un genocidio: vaciándolo de contexto, desactivando su potencia política, separando el sufrimiento de su causa. Así se convierte a Gaza en víctima sin verdugo, en tragedia sin culpables, en espectáculo sin consecuencias. Se llora a los muertos sin permitir que hablen, que cuenten quién los mató, por qué, con qué justificación.

Negar el nombre del agresor es negar no solo el derecho a la vida, sino también a la justicia y a la memoria. Porque cuando la violencia no tiene autor, se disuelve en el aire como si fuera un fenómeno natural, una catástrofe sin manos humanas. Y esa negación no es inocente: es una forma de complicidad activa.

Los medios de comunicación —al menos aquellos que aún se reivindican como espacios de verdad— no pueden permitirse esa omisión. No pueden limitarse a narrar los efectos sin nombrar las causas. El periodismo no debería ser un arte de la neutralidad, sino un ejercicio de conciencia. Cuando se elude decir quién bombardea, quién bloquea, quién dispara, lo que se protege no es la objetividad: es al opresor.

Las narrativas dominantes en el mundo occidental han mostrado una inclinación alarmante por esa forma de censura encubierta. Se condena «la violencia» en abstracto, como si las bombas cayeran por gravedad, como si los misiles fueran efecto del clima. Mientras tanto, el verdugo —identificable, armado, sistemático— permanece difuso, flotando fuera del campo del discurso.

El castigo colectivo sobre Gaza no es accidental, ni espontáneo. Es parte de una doctrina, una estrategia de control territorial y castigo ejemplar. Y quienes se limitan a condenar «la violencia» sin señalar a sus autores están participando, aunque sea desde la distancia, en su perpetuación.

Hablar de Gaza sin nombrar al agresor es perpetuar la mentira. Es encubrir el crimen. Es participar —aunque se niegue— en el proceso que deshumaniza a un pueblo entero.

LA LUCHA DEL PUEBLO PALESTINO: MÁS ALLÁ DE LAS FALSAS ACUSACIONES

Una de las acusaciones más persistentes y eficaces que enfrenta la causa palestina es la de antisemitismo. Se ha construido, con enorme habilidad propagandística, un paralelismo entre la persecución histórica del pueblo judío —pogromos, guetos, campos de exterminio— y la situación del Estado de Israel en el presente. Esta comparación, profundamente equivocada, ha servido para encubrir violaciones sistemáticas del derecho internacional y silenciar toda crítica legítima a un régimen de ocupación.

El truco retórico consiste en desplazar la crítica del plano político al plano moral: quien condena la Ocupación, quien denuncia los crímenes de guerra, es presentado como antisemita, es decir, como parte de una larga cadena de odio racial. Así se intenta despojar a la causa palestina de toda legitimidad, reduciéndola a un gesto de odio irracional.

Pero esta simplificación no resiste un análisis honesto. La lucha del pueblo palestino no está motivada por la religión del ocupante, sino por la Ocupación misma. No luchamos contra el judaísmo, ni contra el pueblo judío, sino contra un proyecto político —el sionismo como forma de colonialismo— que nos ha despojado de nuestra tierra, nuestros derechos, nuestra dignidad.

Si el poder que nos oprimiera fuera musulmán, cristiano o ateo, la resistencia sería la misma. La historia lo demuestra: resistimos al Imperio otomano, resistimos al Mandato británico, y hoy resistimos a una Ocupación que se presenta como «democrática» mientras impone muros, *checkpoints,* toques de queda y asedios totales. La lucha palestina no es contra una fe, sino por la libertad.

Sin embargo, el término «antisemitismo» ha sido extendido como un arma contra toda crítica. Desde el secretario general de Naciones Unidas hasta organizaciones humanitarias judías, nadie parece estar a salvo de la acusación. El solo hecho de nombrar los crímenes de Israel —bombardeos sobre hospitales, uso de armas prohibidas, castigo colectivo a civiles— basta para ser tachado de antisemita. Así se protege una política de Estado mediante una victimización invertida.

Una escena conmovedora ilustra este desvarío. En un relato recogido por la escritora judía Grace Paley, durante una manifestación en Nueva York, un hombre judío que protesta contra la Ocupación es increpado por una mujer proisraelí. «Antisemitas podridos», les grita. El hombre se acerca, le explica que también es judío, y le muestra el número tatuado en su brazo: sobreviviente de Auschwitz. La mujer, sin inmutarse, retrocede y murmura: «Antisemita… odias a Israel».

Ese momento —que el ensayista Pankaj Mishra también ha citado— encierra una verdad dolorosa: el concepto de antisemitismo ha sido despojado de su historia, de su gravedad, y convertido en una herramienta política para acallar el disenso. Hasta los judíos que denuncian las violencias del Estado de Israel son acusados de odiarse a sí mismos. Nada escapa a esta lógica de blindaje total.

Pero la historia palestina no puede ser reducida a una caricatura ideológica. Nuestra resistencia ha sido —y sigue siendo— una lucha contra la Ocupación, contra el despojo, contra un sistema que niega nuestra existencia nacional. Luchamos por vivir con dignidad, por tener una tierra, por no ser prisioneros eternos en nuestra propia casa.

La acusación de antisemitismo es, en este contexto, una forma de deshumanización. Nos reduce a sujetos irracionales, motivados por el odio. Nos niega el derecho a resistir. Pero la historia desmiente esa caricatura. Los pueblos no luchan por odio. Luchan por justicia, por libertad, por existencia. El pueblo palestino no es la excepción.

LA FABRICACIÓN DEL HORROR Y LA ESTRUCTURA DEL COLONIALISMO

La guerra no es solo un hecho militar. Es, también, una operación narrativa. Y en el caso palestino, esa operación se ha desplegado con una precisión casi quirúrgica: fabricar horror para justificar horror. El 7 de octubre de 2023, durante una operación armada llevada a cabo por fuerzas palestinas, se activó un mecanismo bien conocido. En pocas horas, comenzaron a circular noticias escabrosas, cargadas de morbo, cuidadosamente diseñadas para moldear la percepción pública y consolidar un relato que legitime la violencia desproporcionada en respuesta.

Pero esa narrativa no fue accidental. No fue un error periodístico. Fue parte de una estrategia. Su objetivo era claro: consolidar una imagen binaria del conflicto. De un lado, Israel, víctima civilizada y democrática, atacada por fuerzas salvajes, primitivas, sedientas de sangre. Del otro, Palestina, convertida en símbolo de un mal inhumano, ilegítimo por definición. Así se construye el terreno discursivo que permite lo impensable: bombardear hospitales, cortar el suministro de agua, arrasar barrios enteros... todo, en nombre de la defensa.

En este esquema, el dolor palestino queda fuera del marco de lo humano. Se convierte en daño colateral, en consecuencia trágica pero comprensible. Mientras tanto, el dolor israelí se canoniza: se convierte en sagrado, incuestionable, absoluto. Y bajo esa lógica, toda acción de represalia —por brutal, desproporcionada o ilegal que sea— se vuelve legítima.

Sin embargo, sería un error —uno muy conveniente— atribuir este proceso únicamente al gobierno actual de Israel. Ningún gobierno puede llevar a cabo un genocidio sin el respaldo, la permisividad o la indiferencia de una parte significativa de su ciudadanía. Es cierto que estamos ante una de las coaliciones más extremistas en la historia del país, integrada por ultranacionalistas, sectores religiosos radicales y defensores abiertos del *apartheid*. Pero lo que hoy ocurre no es una anomalía, ni un accidente del presente. Es la expresión coherente de una estructura prolongada en el tiempo.

El colonialismo de asentamiento —una forma particular de colonización que no solo busca explotar, sino reemplazar a la población originaria— constituye el núcleo del proyecto israelí desde 1948. No comenzó con Netanyahu ni con la derecha contemporánea. Su acto fundacional fue la Nakba, la catástrofe palestina: la expulsión de más de 750 000 personas, la destrucción de más de 400 aldeas y la instauración de un nuevo orden racial y territorial.

Fue bajo gobiernos liberales y laboristas que se consolidó la arquitectura del despojo: leyes que impiden el retorno de los refugiados, políticas diseñadas para fragmentar el territorio palestino y asentamientos que se expanden como fracturas permanentes en el mapa. La diferencia entre un gobierno y otro no radica en los fines, sino en los métodos. El objetivo ha sido siempre el mismo: hacer inviable la existencia palestina.

Frente a este trasfondo histórico, hay quienes señalan que la operación del 7 de octubre fue un error estratégico de Hamás, un movimiento desesperado que desató consecuencias previsibles. Pero ese razonamiento invierte la lógica de la violencia. Sugiere que la brutalidad del castigo israelí es una respuesta inevitable, casi técnica. Y lo que es más grave: traslada la culpa del crimen a quienes lo padecen.

Los genocidios coloniales no son reacciones. Son planificaciones. No dependen de lo que haga el colonizado, sino de los fines que persigue el colonizador. Desde Argelia hasta Sudáfrica, los procesos de limpieza étnica, desplazamiento forzoso y represión masiva han seguido una lógica interna: consolidar el dominio, borrar al otro. Palestina no escapa a esta regla. Lo que hoy se vive en Gaza es la ejecución sistemática de un proyecto que no comenzó ayer, ni terminará mañana si no se le pone freno.

Responsabilizar al pueblo palestino de su propio exterminio es una forma perversa de reescribir la historia. Es culpar al oprimido por su dolor. Es pedirle, además, que su resistencia sea pulcra, que su desesperación sea razonable, que su rabia esté sujeta a códigos que no se aplican a su verdugo. Pero ningún pueblo en la historia ha sido despojado con delicadeza. Ninguna liberación ha sido pedida por favor.

Los autores de los crímenes y genocidios daban la impresión de ser huérfanos, desprovistos de toda responsabilidad o vínculo moral. Frente a este panorama, nos encontramos ante el primer genocidio colectivo: el primer genocidio de carácter internacional.

La relatora de Naciones Unidas ha informado que más de 63 países —casi un tercio de los miembros de la Asamblea General— han contribuido a este crimen mediante el suministro de armas y financiación. Entre ellos se encuentran empresas europeas, incluidas algunas españolas, que han participado en la venta de materiales destinados a la industria militar israelí.

Diversos medios de información han recurrido sistemáticamente a un lenguaje quirúrgico, aséptico y tecnocrático para describir las acciones de Israel en Palestina. En lugar de nombrar de manera directa el sufrimiento humano o la devastación sobre la población civil.

Términos como «operación», «represalia», «incursión», «objetivos estratégicos» o «neutralización de amenazas»

Hablar de «quirófanos militares», «intervenciones selectivas» o «cirugías de precisión», configura un discurso que presenta la violencia extrema como un procedimiento técnico, casi clínico.

De esta forma evita nombrar directamente lo que consideran atrocidades, incluyendo términos como genocidio o limpieza étnica. El resultado es una narrativa que suaviza la percepción pública de la violencia, convierte a las víctimas en estadísticas impersonales y normaliza una realidad que, nombrada sin eufemismos, provocaría una reacción moral mucho más contundente.

EPÍLOGO

Llegamos al momento actual, y este nos confirma una constante histórica: a lo largo de la época contemporánea, la mayoría de las iniciativas de paz vinculadas al mundo árabe han surgido en vísperas de una agresión o antes de una guerra. El contexto presente no es la excepción. Tanto el reconocimiento de un Estado palestino como el llamado «plan de Trump» aparecen en medio de una situación calificada como un genocidio por diversas organizaciones de derechos humanos y organismos internacionales

El reciente reconocimiento de Palestina por parte de países europeos como Francia, Reino Unido o Canadá parece responder a una reivindicación palestina de décadas. Sin embargo, durante años estos mismos países se negaron a reconocer dicho Estado argumentando que este reconocimiento debía ser el resultado de negociaciones directas entre Israel y los palestinos. De este modo, subordinaban el derecho palestino a la autodeterminación al veto o dictado de Israel. Aunque aplaudimos cualquier paso en la dirección correcta, el momento y el contexto en que se produce este reconocimiento no pueden ser ignorados ni trivializados.

Durante meses, las sociedades civiles han salido a las calles a condenar el genocidio y exigir a sus gobiernos una postura clara: dejar de financiar y armar al Estado de Israel y aplicar medidas eficaces para detener la maquinaria de destrucción contra la población civil de Gaza. Es una situación comparable a escuchar un sermón moralmente correcto de un sacerdote: difícil de rechazar por su discurso sobre el bien y el mal, pero incompleto si no comienza por condenar y dejar de proteger a los pederastas. Del mismo modo, no podemos rechazar el reconocimiento de Palestina, pero sí exigir a estos gobiernos que antes dejen de practicar «la pederastia política» que consiste en apoyar activamente a Israel en el genocidio.

Paradójicamente, este reconocimiento se presenta desconectado del derecho a la autodeterminación del pueblo palestino y sin siquiera definir las fronteras del Estado, según lo estipulado por las resoluciones de Naciones Unidas. Se presenta como un «castigo» a Israel, pero en la realidad no cambia la vida de los habitantes de Gaza. Peor aún, nos hace retroceder al lenguaje político del modelo de «dos Estados», que ignora la visión de amplios sectores de la sociedad civil, que entienden el conflicto como un fenómeno colonial cuya solución pasa por la descolonización.

Esta situación culmina con el plan de Trump, que más bien parece una hoja de ruta diseñada por Israel. En su primera fase, el plan se centra en un alto el fuego y en el intercambio de prisioneros en un plazo concreto. Esto representa el único punto positivo para la población de Gaza, y responde al interés declarado de Israel de liberar a los rehenes.

Pero más allá de eso, el plan no puede considerarse un «plan de paz», ni pretende serlo.

Cada punto del acuerdo requiere otro acuerdo, y ahí reside su trampa. Hablar de «acuerdo» es exagerado: solo existió un interlocutor para la administración estadounidense, Israel, mientras que la parte palestina estuvo ausente y ni siquiera fue consultada. ¿Cómo puede llamarse plan de paz a una propuesta que excluye a uno de los involucrados? Se trata, evidentemente, de una imposición.

Uno de los 20 puntos del plan exige el desarme de Hamás, es decir, de la resistencia palestina. Esta formulación revela una peligrosa premisa: responsabilizar a la resistencia del pueblo oprimido por el genocidio que sufre. Culpar a la resistencia del oprimido es absolver al opresor. Un plan de paz no puede partir de la defensa del genocida.

El lenguaje y el interés del plan dejan claro su verdadero objetivo: transformar la Franja de Gaza en un Protectorado. Es un plan fundamentado en una visión capitalista del mundo, donde el dinero y los proyectos inmobiliarios lo resuelven todo. Con el historial empresarial de Jared Kushner, yerno de Donald Trump, cuenta como principal antecedente en este ámbito la relación personal que mantiene con el primer ministro israelí, Benjamin Netanyahu. Su trayectoria profesional se ha desarrollado en el sector inmobiliario y, con ese perfil, su aproximación al conflicto refleja la visión propia de un empresario. Mantiene la creencia errónea de que el dinero puede resolver cualquier problema, una idea sustentada en su experiencia en el sector inmobiliario, Sin embargo, esta visión es profundamente limitada y potencialmente peligrosa. El error más grave consiste en suponer que conflictos de raíz histórica, social y cultural —como los de carácter colonial— pueden solucionarse mediante simples compensaciones económicas. Mientras nosotros vemos, bajo los escombros, los cuerpos asesinados en Gaza y el entierro del derecho internacional, ellos ven una oportunidad inmobiliaria, un *«resort»* sobre los restos de la limpieza étnica. Es evidente que no estamos presenciando el fin del conflicto en Palestina, sino el inicio de una nueva fase dentro de este prolongado y sangriento proceso colonial que se extiende por más de 120 años.

Son tiempos duros y oscuros. Pero precisamente por ello, es necesario desenmascarar los discursos aparentemente de paz, cuando en realidad perpetúan la opresión.

El griego Solón, uno de los poetas antiguos que se rebeló contra la erosión que causa el paso del tiempo, escribió: «Envejezco aprendiendo».

Siglos después, Goya pintó a un anciano encorvado —muchos lo consideran un autorretrato—, con barba blanca y dos bastones. Sobre la imagen se lee: «Aún aprendo».

Pensé mucho en estas frases después de escribir estas páginas, luego de intentar nombrar una historia larga de sufrimiento y de la erosión profunda que deja el daño infligido por el colonialismo que somete al pueblo palestino desde hace más de cien años.

He escrito pensando en los palestinos refugiados, viviendo en campamentos en condiciones de miseria.

En los palestinos bajo Ocupación, sometidos por fuerzas militares, humillados, perseguidos.

En los habitantes de Gaza, sobrevivientes de un genocidio que se arrastra desde hace más de un año y medio, mientras el mundo mira —cuando mira— sin detenerlo.

Es una historia de exilio, de pérdida, de tierra quemada y memoria herida.

Una historia de caídas y derrotas.

Pero también es una historia de resistencia.

Porque, a pesar de la violencia, la colonización, la deshumanización constante y las derrotas, el pueblo palestino sigue en pie. Vuelve a empezar. Sostiene su lengua, su cultura, su dignidad. Cura sus heridas y camina.

Como Solón, como Goya, como tantos ancianos anónimos que han dicho: «Aún aprendo». «Aún resisto». «Aún sueño».

Escribo este final no como un cierre, sino como una promesa.

Seguiremos luchando.

BIBLIOGRAFÍA

APPLEBAUM, Anne, *El ocaso de la democracia.* Barcelona: Debate, 2021.

ARANGUREN, Teresa, *Palestina: la existencia negada.* Guadarrama: ediciones del oriente y del mediterráneo, 2025

—*Palestina: el hilo de la memoria.* Madrid: Cantarabia, 2024 [nueva edición].

ARIÑO, Antonio & ROMERO, Juan, *La secesión de los ricos.* Barcelona: Galaxia-Gutemberg, 2018.

BARGHOUTI, Murid, *He visto Ramala.* Guadarrama: ediciones del oriente y del mediterráneo, 2002.

—*Permanecer en la montaña. Conversaciones sobre Palestina.* Barcelona: Icaria, 2007.

BEN AMI, Shlomo, *Cicatrices de guerra, heridas de la paz.* Barcelona: ediciones B, 2006.

BISHARA, Azmi, *Palestina, una cuestión de justicia y verdad.* Madrid: Libros de la Catarata, 2025.

BLACK, Ian, *Vecinos y enemigos. Los cien años de conflicto entre israelíes y palestinos.* Barcelona: Península, 2024.

BLAS, Javier & FARCHY, Jack, *El mundo está en venta.* Barcelona: Península, 2022.

Darwish, Mahmud, *En presencia de la ausencia.* Valencia: PreTextos, 2012.

—*Palestina como metáfora.* Barcelona: oozebap, 2013.

DRAY, J. & SIEFFERT, D., *La guerra israelí de la información: desinformación y falsas simetrías en el conflicto palestino israelí.* Guadarrama: ediciones del oriente y del mediterráneo, 2004.

FINKELSTEIN, Norman, *Gaza: una investigación sobre el martirio.* Madrid: Siglo XXI editores, 2019.

FREIRE, Jorge, *Agitación.* Madrid: Páginas de Espuma, 2020.

García Gascón, Eugenio, *La cárcel identitaria (dietario de Jerusalén).* Madrid: Libros del k.o., 2013.

Gómez García, Luz, *Palestina: heredar el futuro.* Madrid: Libros de la Catarata, 2024.

Gresh, Alain, *Israel, Palestina: verdades sobre un conflicto.* Barcelona: Anagrama, 2006.

Han, Byung-Chul, *La sociedad del cansancio.* Barcelona. Herder, 2024 [4ª].

Hass, Amira, *Crónicas de Ramala: Una periodista israelí en territorio ocupado.* Barcelona: Galaxia-Gutemberg, 2005.

Jamal, Salah, *Nakba. 48 relatos de vida y resistencia en Palestina.* Barcelona: Icaria, 2018.

—*Palestina: ocupación y resistencia.* Barcelona: Flor del Viento, 2007.

Kanafani, Gassan, *Una trilogía palestina.* Xixón: Hoja de Lata, 2015.

Kayyali, A. W., *Palestina: una historia moderna.* Madrid: Bósforo, 2014.

Klein, Naomi, *La doctrina del shock.* Barcelona: Paidós, 2007

Loewenstein, Antony, *El laboratorio palestino.* Madrid: Capitán Swing, 2024.

Mansur, Johnny, *Gaza the corner stone* [Gaza es la piedra angular]. Beirut: Arab Institute for Research & Publishing.

—100 años de la declaración de Balfour (1917–2017). Fundación árabe de estudios y publicaciones, 2017.

Margalit, Meir, *El eclipse de la sociedad israelí.* Madrid: Libros de la Catarata, 2024.

—*Jerusalén, la ciudad imposible.* Madrid: Libros de la Catarata, 2018.

Masalha, Nur, *Nakba: limpieza étnica, lucha por la historia.* Barcelona: Bellaterra, 2012.

Nicholas Taleb, Nassim, *El cisne negro.* Barcelona: Paidós, 2011

ORDINE, Nuccio, *La utilidad de lo inútil.* Barcelona: Acantilado, 2013

PANKAJ, Mijrah, *El mundo después de Gaza.* Barcelona: Galaxia-Gutemberg, 2025.

—*La edad de la ira.* Barcelona: Galaxia-Gutemberg, 2017.

PAPPÉ, Ilan, *Breve historia del conflicto entre Israel y Palestina.* Madrid: Capitán Swing, 2025.

—*La cárcel más grande de la Tierra.* Madrid: Capitán Swing, 2018.

—*La limpieza étnica de Palestina.* Barcelona: Booket, 2014.

—*Los diez mitos de Israel.* Madrid: Akal, 2019.

PRADILLA, Alberto, *El judío errado.* Tafalla: Txalaparta, 2010

RIVAS, Manuel, *Un manifiesto contra todo esto.* Madrid: Alfaguara, 2018.

—*Zonas a defender.* Madrid: Alfaguara, 2020

RUIZ-CORTINA SIERRA, Cristina, *El cielo de Gaza. Historia del asedio.* Málaga: Asociación Al-Quds, 2006.

SAFA, Mohamed, *Palestina: grito por la libertad.* Santiago: Ediciós do Castro, 2003.

—*La segunda Nakba: el proceso de paz.* Córdoba: Utopía Libros, 2020.

SAID, Edward, *La cuestión palestina.* Barcelona: Debate, 2013.

SAND, Shlomo, *La invención del pueblo judío.* Madrid: Akal, 2012.

—*Ser o no ser judío hoy.* Barcelona: Bellaterra, 2015.

—*Una raza imaginaria.* Madrid: Akal, 2025.

SASA, Mohamed, *La revolución árabe: nacionalismo, religión y democracia.* Xixón: Hoja de Lata, 2017.

SCHMIDT, Eric, *La era de la inteligencia artificial.* Madrid: Anaya Multimedia, 2023.

SHLAIM, Avi, *El muro de hierro.* Granada: Almed, 2003

SIMONE, Raffaele, *El monstruo amable.* Barcelona: Taurus, 2012.

SNYDER, Timothy, *El camino hacia la no libertad.* Barcelona: Galaxia-Gutemberg, 2018.

TRAVERSO, Enzo, *Gaza ante la historia.* Madrid: Akal, 2024.

—*Melancolía de izquierda.* Barcelona: Galaxia-Gutemberg, 2019.

—*Revolución: una historia intelectual.* Madrid: Akal, 2022

VALLEJO, Irene, *El futuro recordado.* Zaragoza: Contraseña, 2020

—*El infinito en un junco.* Madrid: Siruela, 2019.

VELLOSO Agustín, *Palestina: textos antisionistas.* Guayaquil: La caída, 2011.

VV. AA., *Contra el olvido. Una memoria fotográfica de Palestina antes de la Nakba* (1889-1948). Guadarrama: ediciones del oriente y del mediterráneo, 2015.

VV. AA., *El otro Israel: voces de rechazo y disidencia.* Madrid: Popular, 2004.

WALLACE, David Foster, *Esto es agua.* Barcelona: Random House, 2014.

Este libro,
decimosexto de la colección
«Encuentros»,
acabose de componer en Guadarrama
el 9 de diciembre,
aniversario del comienzo en Gaza
de la primera Intifada
conocida como la Intifada de las piedras.

ediciones del oriente y del mediterráneo, 2025
Prado Luis, 11
E-28440 Guadarrama (Madrid)
correo electrónico: info@orienteymediterraneo.com
web: www.orienteymediterraneo.com
Diseño de cubierta:
ediciones del oriente y del mediterráneo,
a partir de *Occupation Kills Childhood,* Deir al-Balah, June, 8 2023

Impreso en España

OTROS TÍTULOS SOBRE PALESTINA

COLECCIÓN «DISENSO»

ATZMON, GILAD. *La identidad errante,* 2012.

GÓMEZ, LUZ (ed.). *BDS por Palestina,* 2014.

HESSEL, STÉPHANE y SANBAR, ELIAS. *El superviviente y el exiliado. Israel-Palestina, una exigencia de justicia,* 2013.

COLECCIÓN «ENCUENTROS»

AA.VV. *El derecho al retorno. El problema de los refugiados palestinos* (textos reunidos y presentados por Farouk Mardam-Bey y Elias Sanbar), 2004.

AA.VV. *Informe sobre el conflicto de Palestina. De los Acuerdos de Oslo a la Hoja de Ruta* (edición de Ignacio Álvarez-Ossorio), 2003.

ARJONILLA, Sofía. *La mujer palestina en Gaza,* 2001.

COCONI, Luciana. *Apartheid contra el pueblo palestino* (Nota preliminar de David Bondía García; Presentación de Raji Sourani), 2010.

COLECCIÓN «ENCUENTROS, serie COMUNICACIÓN»

ARANGUREN, Teresa. *Palestina: la existencia negada,* 2025.

DRAY, Joss y SIEFFERT, Denis. *La guerra israelí de la información. Desinformación y falsas simetrías en el conflicto palestino-israelí* (traducción de Fernando García Burillo), 2004.

MURADO, Miguel-Anxo. *La Segunda Intifada. Historia de la revuelta palestina,* 2006.

COLECCIÓN «MEMORIAS DEL MEDITERRÁNEO»

BARGUTI, Murid. *He visto Ramala* (Presentación de Edward W. Said; traducción del árabe de Iñaki Gutiérrez de Terán), 2002.

DARWISH, Mahmud. *Memoria para el olvido. Tiempo: Beirut. Lugar: un día de agosto de 1982* (Presentación de Edmond El Maleh; traducción del árabe de Manuel C. Feria García), 1997, 2002.

YABRA, Ibrahim Yabra. *El primer pozo. Capítulos de una autobiografía* (traducción del árabe de María Luz Comendador y Luis Miguel Cañada), 1998.

COLECCIÓN «POESÍA DEL ORIENTE Y DEL MEDITERRÁNEO»

BARGUTI, Murid. *Mi reino es de este mundo* (edición y traducción de Luis Miguel Cañada), 2019.

DARWISH, Mahmud. *Mural* (Presentación de Pedro Martínez Montávez; traducción de Rosa Isabel Martínez Lillo), 2003.

COLECCIÓN «POESÍA NECESARIA»

1. ABU TOHA, Mosab. *Cosas que tal vez halles ocultas en mi oído. Poemas desde Gaza* (Entrevista al autor de Ammiel Alcalay; traducción del inglés y Presentación de Joselyn Michelle Almeida), 2024.
2. RABAH, Nasser. *Gaza: el poema hizo su parte* (Prólogo de Luz Gómez; traducción del árabe, entrevista y notas de Alberto Benjamín López Oliva), 2025.
3. GÓMEZ, Luz. *Maneras de ser Palestina. Antología de nuevas poetas,* 2025.
4. GUTIÉRREZ DE TERÁN, Ignacio. Gaza: poemas contra el genocidio (Posfacio de Ali Al Amiri), 2025.

COLECCIÓN «EL COLLAR DE LA PALOMA»

DARWISH, Mahmud. *El poeta troyano. Conversaciones sobre la poesía* (edición y traducción de Luz Gómez), 2023.

GÓMEZ, Luz. *Palestina/48. Poemas del interior,* 2024.